ESTADOS SUCESIVOS

Poesía
(1983-2008)

ESTADOS SUCESIVOS

Poesía
(1983-2008)

Efi Cubero

Primera edición   2008

©ARCHITECTHUM PLUS S.C.
Díaz de León 122-2
Aguascalientes, Aguascalientes
México CP 20000

Imagen en portada
Francisco Mora Peral

ISBN 978-607-95151-2-6

A mi familia. A los que están, a los que se fueron...

Prólogo

La poesía es un conjunto de imágenes en desbandada, en donde las palabras alzan el vuelo para alcanzar los ansiosos ojos de los lectores. El poeta es cazador de palabras y teje con ellas historias inimaginablemente reales. Y es que se anima a decir las cosas de maneras inverosímiles, engañando a las palabras y colocándolas justo allí, en donde sus significados cotidianos se externan con extraordinaria novedad. Las imágenes surgen en ese juego de rompecabezas y al escapar de las manos del poeta obtienen su libertad para que al leerlas se renueven: limpias cada vez que se releen. Quizá por eso racionalizar la poesía cuesta tanto trabajo, porque la intención con que fue escrita se difumina con la intención de quien la lee o, siendo coherentes con la forma del poema hecho imágenes, de quien la mira.

La poesía se acerca, en ese laberinto de palabras, a lo más cotidiano de la vida, a las experiencias más mundanas para transformarlas. Esta manera a-normal de ver la vida, es decir, fuera de las normas rígidas a las que estamos acostumbrados, nos obliga a mirar lo ordinario, lo habitual, con una mirada renovada. La poesía no es una forma rebelde sin causa, ni pretende poner al descubierto la escatología de la vida de manera burda o grosera, al contrario, pone de manifiesto la vida toda con las palabras más sencillas y legibles.

En general, en el arte hallamos la justificación de la existencia. Esta justificación, que el hombre encontró en un principio en la elaboración del mito y que, al evolucionar hacia un pensamiento más lógico de causa-consecuencia, se fue diluyendo en la filosofía y la ciencia. Sin embargo el arte capturó lo que éstas no lograron retener: la expresión de los sentimientos más universales, irracionales, capaces de mutar y pervivir, capaces de llevar al hombre a una otredad en donde siendo él mismo es otro, pues se reconoce como tal en la expresión del otro. Esta poética que subyace en el arte ha encontrado desde el principio su camino en la poesía cuyo material, la palabra, permite una infinita movilidad en espacio y tiempo. Nadie como ella.

Imposible sustraerse de estas reflexiones al sumergirse en este libro de Efi Cubero. Su poesía no sólo se muestra incansable de imágenes, sino que la forma de sus versos es acompañada por la musicalidad del sentimiento vuelto palabra. La fluidez de los poemas se torna catalejo de la vida y, paradójicamente, por ellos miramos no a lo lejos de la vida, sino al lejano interior de nuestra propia existencia. Los ojos por donde Efi mira son los nuestros y las imágenes de sus poemas se acercan a tiempo, como para rescatar la infancia, el amor, la pérdida, los días, los recuerdos. Sus palabras se tienden como puentes que unen lo que en nosotros parecía dividido, abismal.

Viajar por las letras de este libro es como navegar en un mar de encuentros y desencuentros. Sus poemas son concéntricos: apenas uno cierra la puerta se encuentra con el otro, despertando dentro de otro sueño aún más rico que el anterior.

En la poesía de Efi Cubero subyace una melodía constante, cuyos endecasílabos recuerdan la sonoridad de los poemas clásicos, versos que buscan en la música la agilidad de la palabra para surcar los poemas. Sin embargo, no sólo evoca en esa ceñida musicalidad una nostalgia clásica, sino que en ésta se forma para desatar nuevas imágenes, inundando el silencio y capturando la mirada. Es atemporal, mejor dicho: intertemporal, entretejiéndose en el tiempo y en la imagen.

La inquieta búsqueda de desenmascararlo todo no encuentra sosiego únicamente en los endecasílabos, aunque nunca deja de ajustarse al ritmo en el poema. Sus poemas tienden a jugar con la forma de la silva, combinando los endecasílabos y los heptasílabos, y, como si fuera todo el libro un gran poema, utiliza a voluntad el ritmo, aumentando y disminuyendo las sílabas, para crear un ambiente de desapego involuntario. Los títulos en esta recopilación de poemas así lo dejan entrever: *Exilios, estelas, Vientos, Impreso sobre el barro, Sin márgenes* y *Cercanías*, dan una idea de siempre estar corriendo, acercándose y alejándose, persiguiendo lo inalcanzable, aquello que deja impregnado su aroma en nosotros, tan penetrante que hiere el alma. Pero nunca se aprehende, siempre huye. Apenas se toca, huye y deja huella: se diluye. De esta manera nos conduce a una marea de emociones: nos dejamos humedecer por las olas para, al amanecer, despertar alejados del mar que nos hundió en la noche. Los anhelos de ese mar, y el mismo mar, se persiguen en los poemas de este libro.

Es así como Efi allana la intimidad y se refugia en la razón, alzando su voz y depurándola:

> hasta volverse eco
> o temblor de deseo.

Y es ese eco el que magnifica las emociones, que permite al corazón gozar del estertor de lo tan sutilmente nombrado. Los poemas son antorchas que alumbran el camino que nos negamos a ver ("las palabras alumbran,/ acompañan los pasos del viajero"), donde retumba el eco que nos conmueve. Efi sacude el silencio de preguntas ("¿cómo será esta imagen/ cuándo no la contemples?"), y responde con la suavidad de las palabras, que en la poesía develan el camino de las esperanzas, los infortunios, las soledades y los reencuentros:

> Y, ¿qué buscabas, dime…?
> Alguien que acariciara tu tristeza
> con palabras sencillas.

y en otro de sus poemas:

> ¿A quién le pertenece tu mundo de interiores?,
> ¿A qué lo largamente inconfesado?
> ¿Quién guardará tus sueños, la ternura…?

Sus preguntas son un salto a la reflexión, una hermenéutica de lo cotidiano, que nos enfrenta a una realidad antes imperceptible, visible en el momento de sus palabras, porque, como escribe:

> La realidad, como los sueños, caben
> sólo en un nombre
> sólo en la palabra…

Esta poesía parece abrevar de todos lados, buscando el estertor del alma en la profundidad de la vida. En todo momento circulamos por estas imágenes para darnos cuenta de lo que permanecía oculto: "las palabras entonces imantan y alimentan/ el terco anhelo de los exiliados", repatriados en la sonoridad de sus poemas.

Las líneas que aparecen ante nuestros ojos no tienen otra adherencia que la poética, no persiguen filias ni ismos, trasgreden fronteras y se unen, al mismo tiempo, en la vestidura poética que cimbra y conmueve, desnudando poco a poco las habitaciones interiores, mostrando lo que no existía, y dirigiendo todo camino en la misma dirección para encontrar el fuego que nos deje vivir enardecidos. Las palabras aquí son transición y son frontera, son movimiento y calma, trasparencia y realidad. En ellas *arde la noche y crepita la voz como el fuego en el tuero, desgajado*, como premonición de aquello que nunca deja de perseguirse. Los poemas del presente libro avanzan sobre estas hojas para beneplácito de nuestra mirada y gozo de los sentidos.

Sirvan estas palabras como preámbulo, como pequeña puerta al grandioso mundo poético de Efi Cubero.

Federico Martínez R.
Octubre 2008

EXILIOS, ESTELAS...

"Cometemos un círculo que dura.
¿mas quién impedirá
que un tiempo corra
más ágil que otro tiempo?"

Carlos Barral

"Tal vez eran necesarios el éxodo, el exilio, para que la
palabra cortada de toda palabra – y confrontada así al silencio-
adquiriese su verdadera dimensión…"

Edmón Jabés a Marcel Cohen

Qué cercana presencia

¿Qué cercana presencia
se inscribe en el vacío
llenando con su sombra
los resquicios más puros
del tiempo y la palabra?

Vulnerable coraza
de resplandor y fuerza
marcando a fuego un nombre
que evoca la renuncia…

Buscas la posesión de este silencio
que no te pertenece.

Buscas la posesión de esta querencia
que invade el corazón y la memoria

(Ni siquiera esta voz, que te traiciona,
dejará huella en lo que no posees).

Cómo será esta imagen

¿Cómo será esta imagen
cuando no la contemples?

Sujeta a tu mirada
esa nube de piedra sostenida
por la quietud del tiempo
que cercena
el perfil de espadaña
de esta torre
mucho menos efímera
que un rostro.

Laberinto de cal,
muro sin norte,
certeza de vivir
para la muerte

¿O morir lento acaso,
por la vida…?

Algo se funde

Algo se funde en el crisol del agua
sobre el sesgado acento de otro entorno
en una identidad no establecida
errática en la búsqueda de un tiempo
donde plasmar lo mismo que se añora.

(No hay brújula que marque los caminos
del corazón… esa imantada estrella)

Sabor de yodo y sal

Sabor de yodo y sal;
frialdad de acero.
Nada que retener sobre las manos.
El mar absorbe y tensa voluntades,
doblega al hombre duro, acostumbrado
a sostener un duelo con la espiga
a medir con sus pies surcos abiertos
a empaparse de lluvia en tierra firme.

Siente como el sudor salobre y frío
corre venas abajo, se desliza
mezclándose viscoso con la espuma.

El barco es un cantil sobre el abismo
que antecede a la muerte y al olvido.
Vuelve a surgir la duda del regreso
sobreponiendo el miedo a lo ignorado.

Frente al mar

Frente al mar
abre el mundo
otra mañana.

Despiertan los sentidos embotados.

El paisaje se ciñe al viejo sueño
-íntimo y dulce-
de apresar la aurora.

Limpia la tierra eleva la mirada
sobre una ebriedad táctil de colores.

¿Cómo eres tú?

¿Cómo eres tú? ¿Qué espíritu de aurora
navega bajo el sol de la mirada
alzándola del agua, arrebatada
por tan extraña fuerza seductora?

Un incendiado viento que devora
tanta pasión de espuma susurrada
¡Oh fuego de esta vela desnortada
abriéndose a tu estela cegadora!

Quizás un horizonte de vacío
aparte del velero peregrino
todo el temblor de sal de este latido.

Acaso este vaivén de escalofrío,
gire sobre el azogue en remolino,
hacia la singladura del olvido.

Vivir cada momento

Vivir cada momento
de este sueño que anclado languidece
sintiendo la carcoma irremediable
socavar el instante que se apura.

Blanco, negro, Torre, Alfil
simple peón; Reina, Rey
en la partida de ajedrez
sobre el débil tablero,
sin emoción
el viento derrotando los molinos
y un caballo que escapa por la huella,
que otros en otro tiempo profanaron.

La sangre se rebela

La sangre se rebela en legítima llama.
Un zumbido de enjambre
cruza la raya azul
y colma los panales
de rubia miel
y sanguinaria gesta.
Se nutre el hombre
crece; o disminuye.

Se reviste a su vez de nueva cera.

Cubre también las manos
que han tallado su vida,
padecido,
labrado al fin su mundo
entre silencios…

Buscar el más allá

Siempre buscar el más allá del aire
donde la flor soberbia
pierde su humilde brote campesino,
alas regias planean
sobre la viva y ascendente palma

Cambia el árbol su saya de estameña
y el ruiseñor su canto franciscano.
Temblor de ocaso roja amanecida,
y el mar entre los dos…indiferente.

Por la herida del agua

Por la herida del agua
los rosales florecen
con espinas de sangre.

Por la herida del agua.

Por la herida del agua
herrumbre y sol que ciega
la estela de los ojos asombrados.

Por la herida del agua.

Llamarada y ceniza
la mano que aprisiona
un poco de la espuma
arrebatada
a ese paisaje uncido
a la memoria
que no se cierra al diálogo
del tiempo.

Ebria de ti

Ebria de ti
la tarde despereza
todo el dolor
amargo del deseo.

Apasionado afán
roto en pedazos
para el torpe consuelo
de nombrarte.

Qué amarga sequedad

¡Qué amarga sequedad
alta corriente viva!
Claroscuro entre luz y opacidades
sin que remanse el cauce insatisfecho.

¿Cómo calmar el viento
que arrebata la estela
de la aurora?

Ahogado son
el de este
pulso activo
que doblega la fuerza de tu amarre
pero al que nunca arrastrarán
sus ondas.

Tienen frío los huesos

Tienen frío los huesos.
Bajo el cielo,
brumoso y gris como un presagio oscuro,
achatada y cruel la luna acecha.
Un temblor atraviesa los cimientos
fundacionales bajo el rascacielos.

La leyenda dormida se estremece
buscando el corazón sangrante y vivo.
El dorado fulgor que aún amenaza
bajo la altiva estirpe doblegada.

Las vasijas

Las vasijas panzudas de modestos alfares
amasadas con mimo y fantasía.
Los niños que interrogan
desde la antigua luz de la inocencia,
las madres como estatuas
que acunan y amamantan,
impenetrables como sus miradas,
como en una anunciada tempestad,
basta el silencio.

Hay humedades hondas deslizándose
bajo el silencio.

Acaso está el sollozo aletargado
bronco encendido tenso como un arco,
reflejo gris de azogue y veladura...

Cansado está el reflejo que devuelve
la imagen invertida,
el desconocimiento y el deseo,
las mil y una preguntas
que oscurecen
la clave del lenguaje encadenado.

Frutos de blanda pulpa

Frutos de blanda pulpa
se le deshacen tibios
en los labios.
Tienen nombres extraños
y un fulgor de lujuria
arracimada
como el vibrante verde
del paisaje.

Quema el recuerdo fresco
del granado,
del áspero crujir
de los membrillos,
de la sábana alzada,
de los besos,
de la noche despierta
y encendida...

Duele tanto el sabor
de las ausencias,
que se le vuelve odiosa
la hermosura.

Rozó la boca

Rozó la boca su canción de cobre
y el viento devolvió la misma hondura;
el mismo sueño del amor sin trabas,
la misma resonancia sin fronteras.

Por los espejos ella y él se amaron.
en la alcoba del agua se fundieron,
sobre la espuma y en la azul tibieza,
o en la arena febril de los abrazos.
Hasta cerrar los ojos,
enterrando palabras
bajo epitafios grises…
 De cenizas,
 que aguardan siempre al fuego del olvido.

No hay fronteras

No hay fronteras que frenen
la andadura del interior.
Ni cartógrafos hay que delimiten
voces heredadas.
A veces sólo un muro,
un simple muro,
quedará de testigo
frente al sueño.

La casa que habitó,
que aún pertenece
a la herencia interior
y a los vestigios
donde las manos
repartieron dones;
el encalado sueño
donde brotaban pájaros.
Cantos que siempre acuden
al roce de la brisa
en los goznes del tiempo,
los aceitados goznes,
que abren puertas, ventanas
y quimeras,
que acompasadamente,
pueblan la anclada soledad
de gozo.
Quietud que sobrevuela
en el alzado,
blanco, sencillo muro,
donde estampó su mano
la inocencia.

Con tan sólo mirarla

Con tan sólo mirarla
has descifrado un código
de piedra.
El rictus de una clave,
el cansado quejido
en las estrías
que resignada muestra,
el amor que retuvo
y que atesora
como una luz o
un fósil transparente
en íntimos olvidos.

Para saber que existen
los naufragios
no importa la inmersión.

Una mirada siempre
buscará otra mirada
para emerger del agua…
para ahogarse.

Una palabra sobra
para arrancar la historia
del hastío.

Imposible

Imposible esquivar la singladura,
cuaderno de bitácora,
amada irrenunciable transparencia,
elipse de este nácar suspendido
sobre el amplio fanal
del alma abierta.

(Aunque a veces leviten las palabras
llenándote el espacio de silencios,
tiende la red al sol, que yo deseo
enredarme en la sal de tus amarres.)

Desnuda la pisada

Desnuda la pisada se diluye en la arena.
Imposible volver sobre lo andado.
Mas sé que en la frescura
de ese manglar que exhibe sus raíces
he de buscar su risa, la sombra de su paso
o los ojos que alientan balbuceos.

Silencio de cristal sobre los labios
en esa unión de abrazo sin palabras
que se debate en verbos encendidos.

¿Cómo hallaré mi norte de templanzas
desde este sur que agita polvaredas?

Donde la niebla gira

La tierra,
este cansancio donde la niebla gira;
guardan las manos sílabas
quizás para abrigarnos
cuando arrecian los vientos,
y azota el cerco claro de la luna
sobre la eterna noche del recuerdo.

Las palabras entonces imantan y alimentan
el terco anhelo de los exiliados.
Las palabras alumbran,
acompañan los pasos del viajero,
el apátrida fiel a los motivos,
obediente tan sólo a los designios
por los que alienta el alma en la grafía...

Fugaz la nube pasa

Fugaz la nube pasa
por cielos incendiados.

No fue inútil su gracia pasajera.

Vaporcillo de niebla
su destino de lluvia
sigue alegrando el alma
del paisaje.

Sobre el cristal del viento
tanto verdor confirma
la duradera luz
que la despide.

Cuentan que

Cuentan que es achatado su grumoso perfil,
que la dura materia le es postiza,
que vuelca su amargura en los estanques
que no se reconoce en los espejos
que camina desnudo erguido y triste
que lo echaron de andenes y aeropuertos
que hubo quien le negó conversación
que hasta el pan le negaron por el miedo
que las puertas, de hoteles y de fondas,
cuando buscó cobijo no se abrían
que ha olvidado su nombre y procedencia
que no sabe siquiera si aún existe.
que busca cierto sitio y no lo encuentra
que su memoria vaga en laberintos
mientras sueña en la paz de las palabras
que nadie le dirige.

A veces, en la bruma,
una llamada, un hálito suave, algo que lo acaricia
y lo despierta, como un crujido de papel,
como un aroma a tinta, indefinible,
algo como espiral, una escalera, le recuerda a aquel
                                    [hombre...
Era ciego su guía al que él acompañaba,
el que le ofreció claves de otro mundo remoto
le dio una esfera donde cabe el tiempo,
ese soplo fugaz del universo;
le habló del sur, de tigres, de cuchillos
o de cartografías sepultadas entre los anaqueles

del espacio; y le ofreció la brújula;
la imantación perdida en el sendero
de los jardines, las bifurcaciones,
que la niebla le impide ya sentir
buscar en los escombros del olvido.

La realidad, como los sueños, caben
sólo en un nombre
                      sólo en la palabra…

(Todo consiste en que cuando recuerde
encontrará el camino de regreso)

Se reúnen

Se reúnen,
en torno al árbol como los hititas.
Quedan para entonar
antiguos cantos
palabras como signos
que descifran el mundo que han perdido.
El vino saborean
y la delgada lámina comparten
fundiendo los sonidos, los sabores,
el amasado pan de los matices
que abriga las ausencias.

Cobijando caricias y rumores,
se afirman los acentos
con un fondo distinto
al recordado
 y es nostalgia la brisa,
y es rescoldo la brasa
que enciende la mirada.

Los cerca el gris, los cerca la costumbre,
el armazón alzado y el acero
o la delicadeza del diseño
apuntando a la altura.

El asfalto los cerca.
En la precariedad de las laderas
no hay nada horizontal,
salvo el reflejo
del mar que se adivina,
del espejismo inscrito en el suburbio
de los aconteceres cotidianos.

La metáfora fiel de los desiertos
donde se desorientan los deseos.

El cielo es como el mármol

El cielo es como el mármol
del temblor de la escarcha la calina.
Vuelos de oblicuas alas
veteaban de un negro jaspeado
la mies recién segada.
Puede que no sea cierta
esta imagen que evoco,
puede que yo haya visto en otros ojos
el trigo sin segar, o los maizales
y la vida vibrante al sur de los colores
a punto de apagarse o ser vencida.

Pervive en la retina un mismo exilio.
La misma soledad reconocible.
Y es este el mismo cielo
y no es lo mismo.
Piso como viajero lo que es mío;
la tierra del origen, la entelequia,
frente al calor de un sol que reverbera
sobre la piel brillando en el cansancio
del lento caminar.

Acaso forme parte de la nada
este paisaje o sueño derretido,
en la hoguera del oro,
en esta tarde de hora fronteriza
que desplaza y aleja realidades
frente al blanco espacial de los adioses
y el mármol de la escarcha en la pisada.

Más activa

Más activa que tú, más consecuente
la sombra se adelanta,
a veces, como el eco que precede a la voz
te deletrea,
traza con más rigor tu propia imagen
definiendo mejor ese contorno
que a tu paso rezaga.
Y sin necesidad de vaticinios
esa precisa imagen te proyecta el futuro:
Sobre la tierra transitada tierra
bajo el sol tu silueta te define
como el perfil aislado de una sombra.

VIENTOS

Puede este viento devorarlo todo,
como la propia arena,
dejando intacto el sueño en las ruinas.

Luz

Escapa hacia la luz, la luz la llama
llama desnuda que la luz dispersa.
Prisma de sol de la pasión inmersa
sobre la larga noche que reclama

esa vigilia en pos de la mañana
donde la gracia asciende al aire…tersa
la piel del corazón, la suerte adversa
del sueño en busca de la luz temprana.

Buscó y amó. Retuvo la belleza
de un instante en el tiempo y a deshora
sobre el íntimo cáliz desangrada…

¡Qué entrega fiel de lucha y de pureza!
(Prendida del cristal quedó la aurora
como una mariposa calcinada)

Ardes noche

¡Cómo incendias los pliegues,
de este prólogo abierto
a la memoria!

Ardes noche, crepitas
como el fuego en el tuero
desgajado.
Ardes noche,
consumes,
el sentido, la idea,
el amor, el olvido,
hasta cubrir la aurora
de ceniza.

(Sólo en íntimas líneas
de espacio intransitable
sigue el fuego expandiendo
tu dolor más secreto)

Siempre el mar

Siempre el mar es el mismo
El espacio habitable
de su eterno desnudo,
de su eterna memoria.

La tersura engañosa
de un abisal espacio,
y el suplicio salino
donde la sed sucumbe
a merced, como siempre,
del naufragio infinito...

Aprendes

Aprendes poco a poco a convivir contigo
A soportar la carga de ti misma.
A doblegar el ansia de un regreso,
- quimérico y lejano- que se esfuma,
cada mañana abierta a los tejados
mientras sueñas un viento de trigales
con tus ojos de lluvia y de silencio.

Lámina quebradiza

Lámina quebradiza saciada de infinito
sobre el brocal mirabas en la hondura;
la soga atada al cuello del sueño de las aguas
y un vértigo de estrellas incendiando el silencio.
Dolor sin asidero, la roldana, alzaba hasta tus manos
la transparencia azul de su armonía.
Unas brasas apenas desvelando la noche,
un temblor de palabras surcando la mañana
atestiguaban la extinción futura
del territorio hurtado.
Sin nombrarlo,
expresaban tus ojos su acumulada fuerza.

Mientras quede –pensaste-
la persistencia de lo que perdimos;
mientras sientas que es tuyo y es de todos
lo que tan sólo pertenece al viento,
mientras reclames el perfil trazado
por los antiguos pasos, en la nueva andadura,
donde perviven libres los bancales
escalonados sobre los cultivos;
mientras no cierres al amor el paso,
y te estremezca el eco de un deseo,
mientras te siga el beso despertando
y el verso acuda como escalofrío,
retomarás de nuevo con pasión renovada
la aislada cercanía, la vasta percepción
de los espacios, el latido del tiempo,
el retornado fin como principio,

la conciencia de ser sin condiciones
el cimentado ser, la trascendencia,
las palabras que giran, descifrando,
los códigos secretos de la propia memoria.

Por el temblor del agua

¿De dónde surge el barro moldeado
la mudable aspereza de su tosca textura,
ese limo adherido a la base del alma
que se deshace en polvo
sobre el tiempo en las manos?.

Por el temblor del agua
sobrevive la espera,
la precisa frescura
de materia inocente,
el desnudo silencio
que a través de ese barro
brota sobre la vida
con sed de eternidades.

Y, ¿quién llegará al fondo,
donde la voz sucumbe estremecida,
si la oquedad resuena
revistiendo de insomnio la palabra?

Sólo el conocimiento

Inconsciente en su asombro
es dura la inocencia.
Ese azaroso tiempo,
febril incertidumbre,
donde los ojos buscan
llenar el texto ignoto
de la no usada vida.
Puede volverse añicos
la mañana en un verso
puede en un simple soplo
enmudecer el día…
Todo agitado, todo suspendido
sin que prendan las voces
que amplifican los ecos
en los troncos del árbol
de las emboscaduras.
No es la huella del paso
duradera y fiable,
 la inocencia,
yerra por no saber
y a su descuido,
toda certeza es viento;
luminarias
avivando balcones
donde a veces se cuela
la pasión del instante,
el ardor del asombro,
lo terco, lo fugaz,
lo inaprensible…

Solo el conocimiento,
-aunque curare lleves cerbatana-
agudiza el sentir y te desnuda
cuando advierte un exceso
de ropajes.

Para poder alzarse

Sólo la pasión sabe
ser desperezamiento,
sacudir la memoria,
anular titubeos.

Para poder alzarse
con claridad de luna,
con esplendor de sol
de amanecida.

Libérate y escucha,
otras voces te llegan insaciables
para ser comprendidas desde el centro,
del humo o de la hoguera,
de la limpia virtud de la mañana,
de la noche sin nombre…

Llegan, irrumpen, claman, te despiertan,
despiertan esa sed de lo innombrado,
despiertan el latido que se extiende
más allá de un abrazo sin fronteras,
más allá mucho más de lo que asfixia,
más allá mucho más de lo que alcances,
más allá mucho más…

Almendro

En tierra marginal creciste libre,
sin manos que encauzaran tu cosecha,
espontáneo de flor, fértil de sueños,
anticipada luz de primavera…

¡Cuánto tiempo gestado en soledades
el dulce fruto de tu amarga almendra!

Un cierto olor a limpio

Un cierto olor a limpio, indefinido,
a mañana regada y a rosales,
con la lluvia cuajando las espinas
con olor a virutas, a pizarras oscuras,
quejumbrosas de acentos las palabras,
sin haches aspiradas, y codazos y risas,
y las nubes, y mapas tan ingenuos
que era fácil, ¡tan fácil!
con una mano recorrer el mundo
rozar el universo con el dedo…
En la esquina radial de los paisajes
-el tajo herida clausurando un tiempo-
otra clase de herrumbre abre el espacio.
Cambiar la luz a una estación extraña,
a otra sustitución de amanecida,
y entrenar los sentidos
percibiendo la angustia del asfalto;
una nueva pureza de cristal y hormigón
babel de torre en espiral de humo,
claridad biselada donde todo se agita
y crece, y se agiganta, respirando
a través del pulmón de acero o cadmio,
al amparo del puerto
que desdobló los mapas de la noche
aboliendo de paso los vectores
que apuntan su verdad…
Deambula desde entonces a la luz de otros faros
sobre asfaltados suelos,
aprendiendo a vivir como hizo siempre
hasta fundir su cuerpo con la sombra.

Destila soledad

Destila soledad toda promesa
de participación.
Tal vez engañe
el roce que se plega a los silencios;
la mirada expectante
hacia ese punto
tan ávido de luz
donde se tensa
el juego demorado de lo blanco…

Muro que aísla y separando ofrece
lo impoluto y hostil de su materia.

La angustia de un deseo

La angustia de un deseo, la palabra,
el verso que despierta la sed nueva,
desdoblándose en ti todas las voces
que anhelaste rozar, y en la mirada
la explosión de esa luz que te revela
el opaco telón de tanta noche
como vacila insomne en tu retina.

Pero sabes que es cierta la gracia del milagro,
la semilla que horada,
que vence agrieta el suelo
para escalar el aire.
Alguien intentará buscar la huella,
el latido que el pulso sepultara,
más acaso se enfrente al propio rastro
disuelto en otra siembra venidera.

Cerezo

Blanca esperanza ha sido
la llama del cerezo.
La firme y roja llama
vencedora de escarchas.

Y a esperar la blancura
que la sangre convoca
sigue eterno soñando
sus nuevas primaveras.

Piel adherida al hueso

Piel adherida al hueso
eremítico y duro.
Como el aceite dora
la luz de los ocasos.

Brilla como espejismo
de dulce cobertura
alto e inalcanzable
para labios sedientos.

Para labios templados,
que como el agua llevan
despierta la memoria.

Desligarse o seguir

Desligarse o seguir, no hay otra huída,
tan sólo el territorio, la evidencia
que excava descubriendo
la pureza interior de ese rescoldo,
semillero de un tiempo sumergido,
allí sobre los signos, donde te reconocen
los primigenios fuegos que alumbraron
la inútil vocación de esta locura.

Aún existen mañanas de limpias primaveras
donde sangran los campos como abiertas heridas
y abril vuelca su nieve en estallido
sobre las claras charcas anhelantes
cubriéndolas de besos sin raíces.
Abierto el corazón de las encinas
ensanchando los límites del vuelo,
sobre la piedra móvil, desde el agua
¡Qué deslumbrada sinrazón converge
hacia el centro del hondo desvarío…!

Pura salmodia el sueño

Sin paz de fondo la soledad hiere
sobre este transitado laberinto,
pura salmodia el sueño
que encuentra ante lo vivo lo pintado,
lo pintado en lo vivo,
como si sobre el tiempo otro paisaje
nos encuadrara a un ritmo de pinceles
sobre mudas palabras y sonoras pisadas.
Sobre acordes
arrancados al aire o al vacío...
tensas cuerdas, más que de acero el vidrio
pulsado por la lluvia, sobre el centro reseco,
volcánico rugir ola de lava,
turbión que avanza y cuaja en goterones,
en su propio girar de turbulencias.

Esta delicadeza

Esta delicadeza del imbatido mármol,
los vestigios que escoltan lo breve de tu huella,
proscenio sobre el fuego,
la fuerte luz de mutilados dioses
proyectando en el tiempo sus prescritos oráculos.

Murmullos de milenios, voces amplificadas,
los borrados discursos, las sombras del olvido
y el viento que desnuda las ocultas teselas
entre los jaramagos que reclaman su espacio.
Desde esta soledad susurra el eco
y el decorado advierte de lo efímero y frágil,
pasajero, el misterio declama sobre el mundo
el eterno secreto de máscara vacía…
Espectro erguido la columna altiva
deja que apoyes – libre- tu cansancio.

Se depura la voz

Se depura la voz y se adelgaza
hasta volverse eco
o temblor de deseo.
Transparente,
todo el sur reverbera
en los metales
de su timbre de plata estremecido.

Alto y lento.
Quejido de la noche.
Cantiga eterna con sabor de siglos,
me atraviesa su luz.
Como una espada.

Tilos

…Y este irse desprendiendo
del lastre de las sombras
para absorber tu luz inalcanzable.

¡Oh, claridad diurna de los tilos,
lágrimas en el árbol,
primavera asombrada de existir!

Una vez más es la mirada absorta
sobre el ahogado azul y la ceguera
de un derroche de luz descontrolada.

Temblando en la humedad de las pupilas
tersa y fresca la imagen permanece
proyectando el reflejo de lo huido.

Frente a la empalizada

Frente a la empalizada
salvaguardar pretendes
este don presentido
que acaso te posea.
El inocente signo
bajo el cual te marcaron
y al que quizás, herida de sí misma,
traicione eternamente la palabra.

Pero los pasos siempre
huyen hacia otro espacio,
otro bancal; al limo
de la incierta memoria…
Y todo es abstracción.
Desde la nada, donde todo subyace,
la presencia de lo humilde te marca.
Te protege quizás de la soberbia
de obcecarte en la fe de lo creado.

¿Por qué tendrás que hablar?

¿Por qué tendrás que hablar si ya aprendiste
lo que vale el silencio?
Sabes que en la palabra se diluye
el tiempo, la memoria…
que a veces hiere lo que más amamos,
y sin embargo escribes.

¿Para qué, para quién, a qué esperanza?

¿A quién le pertenece tu mundo de interiores?,
¿A qué lo largamente inconfesado?
¿Quién guardará tus sueños, la ternura…?
Y sin embargo, ajeno, el corazón reescribe
aquel aroma a adelfas y cantuesos
que forjaron lo límites del aire.

Todo ese aroma vuelca en esta tarde
su mañana en mis manos…

¡Sólo viento!

¡Qué poca cosa el viento, y sin embargo,
con cuánto amor el interior lo ansía…!

Cruzar las calles

Cruzar las calles
y no participar de su leyenda,
mirándolas sin ver.
Tan sólo el sentimiento logra eso:
detenerme en su voz sin escucharlo,
caminar por sus huellas
olvidada del tiempo y la memoria.

Bajo la piel de otoño,
incertidumbre y paz que filtra el tiempo,
palpita la esperanza.
La adolescente luz de los deseos
eterno enamorado soliloquio,
no entiende de sutiles decadencias
ni de turbios espejos funerales.

El viento se despeña en cicatrices
sobre pactos de olvidos,
pero el amor asciende,
como un pájaro,
libre como el recuerdo,
hacia la altura.

Parteluz

Mitificar el sol
y hacerlo suyo.
Parteluz de sí misma,
la ventana,
que tiende hacia el paisaje
su complacencia inmóvil.

Otra isla

Fue entonces describiéndose en la bruma
¿O acaso fue un relámpago,
el repentino instante inesperado
de otra isla perdiéndose a lo lejos?

Sobre los mismos ojos navegables
el cristal te resguarda del deseo
y el barco guarda el sueño en la botella
escorado a su fondo...permanente.

Abrirse en estuario
donde confluye el tiempo
y filtra el limo,
disperso, del reposo.
¡Qué arisca densidad
la que se agita
por la aparente calma
de las aguas!.
Sólo el sueño,
que azota acecha y cerca
los espacios dormidos,
sólo el sueño,
por la huellas salobres
del silencio,
sabe seguir la senda
desnortada...

Tal como hoy

Tal como hoy
dos líneas paralelas
transportaban su carga de infinito.

Era el cristal pegado a la impaciencia
y el brillo adolescente de unos ojos maduros
soñando escurridizos imposibles.

Y es que de pronto,
así como queriendo y no queriendo,
tu mano se me apoya sobre el hombro.
Y a mí me sube entonces por la sangre
una oleada de rubor y ahogo.
Como si fuera niña,
y corriera al zaguán, oscuro y largo,
para alcanzar la luz de los postigos.

Fugaz como la niebla

Fugaz como la niebla,
apenas el escorzo quedó sobre la noche.

Apenas el escorzo
que trazaron palabras trasmisoras de besos.

Apuntes al carbón de la memoria.

Encendido carbón de aquel deseo
donde el tiempo aguardaba
-tenso sobre sí mismo-
frente al gozo del sueño,
su imposible secuencia,
enamorada.

Y de nuevo el paisaje

Y de nuevo el paisaje,
dos líneas que convergen,
una extensa llanura iluminada,
el fulgor de unos ojos,
su infinito misterio…
Y temblando en la altura,
las estrellas.

Serenidad de luz sobre la tierra
cristalina de siglos y silencios.

¡Qué canción de frescura entre las manos
sobre el tiemblo azogado de las aguas!

Pájaro fiel, al viento de la noche,
el corazón sintiendo tu cobijo.

Sobre los ojos

Y la voz repentina sobre los ojos,
fuente… desplazados mirarnos,
e intuir qué palabras
rozarán la caricia
al pronunciar lo mismo:
-cuando te encuentre a ti, cuando me encuentres
los dos sabremos lo que se ha buscado-

El olvido es incierto, como la misma tarde
que juntos descubrieron tanto miedo en los ojos.

Ese miedo de siglos
                    en las prudentes manos detenidas,
entonando en el viento del otoño
un adiós revestido de imposibles.

Vuelves

Vuelves para ser cauce de lluvia sumergida,
de vientos que cuartean
de brasas que salpican los ojos de ceniza
de estuario que ampara los secretos del río.
Para ser como siempre la caricia que araña,
la paz que me estremece
la consciencia que atrapa un dolor debatido.
Red siempre tu mirada como clave incompleta.
Como espejo que oculta el envés de otro azogue.
Transparencia y misterio de palabras que aclaran
-para ser tan oscuras –
cuando más resplandece tu silencio de siglos.

Que no hay olvido

El vuelo caluroso del verano
desgrana su canción de sueño alerta.
Que no hay olvido
para tanta fragancia de jazmines,
ni sosiego en la voz apasionada…

De savia y cicatriz llenas mi acento.
Abrasa el sol del bosque clareado
y avanza el paso abierto a la distancia.

Almagre albero y cal, tu voz cercana
como aceitado gozne que desliza
el gozo de su luz al fondo oscuro
donde aguardan los sueños incumplidos.

Apoyándose en ti,
emergen hacia el sol mientras renacen
por la fuerza interior que los desvela.

Se inscribirán los ecos

Pero sé que desatas el nudo de mis manos
para anudarlas siempre a tu silencio.

Es malo que el incierto mediodía
aliente una pasión sin realidades.
Es malo saber tanto, ignorar todo,
y darse así, caudal sin envoltura,
siendo tan sólo audacia en la palabra,
inerme en sentimientos contenidos.

Se inscribirán los ecos
del beso nunca dado
pero no será el mármol
quien fije su destino.
Un transparente cauce
bajo el sol que respira
sobre la huidiza estela
de su eterna corriente.

Que no hay nada más frágil,
más vulnerable y puro
que la confirmación
de lo imposible.

Gris la mañana

Con aspecto de rama a la deriva
en la azulada claridad del aire
prendida de una sombra que se esfuma
contempla como llueve.
Sobre la piel de lluvia las ojeras
flotan sobre la nada en los cristales.

Gris la mañana vuelan
las hojas desprendidas,
el cuadro se complace
en abstracción de espejo
anónimo y urbano
perfila los contornos
de cada rostro ajeno
a su propio reflejo.
Tan sólo es viento, acaso,
esbozo de otra imagen,
el seguro refugio – quizás –
de lo soñado,
el sonido del agua
que refresca la calle,
el aliento de un sueño
empañando el asfalto.

Este azar

Este azar que se templa en lejanías
desde un cruce de aceros exaltados
nos acerca y rechaza al mismo tiempo.

Trabada sobre el aire una palabra
espesa entre la red de los silencios
un diálogo de besos fugitivos.

Velar las armas en la oscura noche.
Ceñir el verso infiel de algún desvío.
Beber el agrio zumo de la duda…

Y ser tan sólo un soplo de quimeras
sobre el roce carnal de la esperanza
en confusa abstracción de soledades.

Esfinge

Con un rictus de esfinge
se impone la cordura.

Para no desvelar
desasosiegos
pone gafas de sol
a la mirada.

Aunque el gesto traicione
la hondura del misterio,
por una vez ocultarán los ojos
lo que nunca debió ser pronunciado.

Pulso y espacio

Pero tu estela se abre al desafío,
al bronco avance, al arrebato ciego.
Pulso y espacio todo es desenlace
para que en el albur de la escritura
el verso oculto cifre el sentimiento.

Espero para estar presta a la huida.
Me detienes huyendo. Yo te aguardo.
Entre certezas y contradicciones
nos va cercando la palabra escrita;
palabra como el sueño perseguida
perteneciente al aire y al silencio
incrustándose aquí, hierro y caricia,
del ingrávido centro alanceado.

Una fotografía

Una fotografía revelará tu imagen
pero el interior nunca puede ser revelado.
Oculta esta verdad que resguardamos
de la verdad que fluye paralela;
esta verdad de sombras frente a la luz que enfoca,
que enfrenta dos espacios
iguales y distintos, fundidos, separados,
frente al temblor fugaz de la retina
donde el diafragma amplía
su intocado universo,
desdoblando la vida en planos sucesivos.

Cercadas por anhelos
las secuencias perviven,
encuadradas al aire sobre el más hondo plano,
bajo la luz cambiante de la frágil memoria,
frente al flash activado, tras la llama y el agua,
buscando sobre pliegues azogados
que el objetivo, hermético, bucea.

¿Se ha roto?

¿Se ha roto el mudo pacto del correo.
Esa especie de rito establecido
que en una mutua y solidaria entrega
les llenaba las manos de esperanza?

En la táctil penumbra de su encierro,
lo blanco del papel, aisladamente,
vertió la luz al sueño intercambiado
que unos ojos despiertos recorrían
en busca de la clave enamorada.

Ahora que todo escapa

Ahora que todo escapa
hacia lo más aislado y se diluye
dejándote su estela en la penumbra,
su luz desdibujada.
Ahora que como entonces te posee
todo aquello que sientes y te envuelve
más allá de ti misma o de tu historia.
Ahora que casi entiendes la condena
de estar sola con otro y el silencio
ejercitando asida a lo ignorado
tu permanente y fiel desasosiego…

Reconoces tu asombro
desde el gesto impreciso de la mano
y sabes que este don de la mirada
era el don que soñaste,
terca, ardorosamente,
cuando sólo la tierra
era tu enclave,
tu savia o tu universo…

Sobre la extensa luz que abre los brazos
para enseñarte a andar,
sin nada firme donde apoyar tu pie,
por el camino, de bruma y sol
abriéndose al espacio
donde perderte y ser, desorientada,
la proyección de ti junto a otra sombra
que busca como tú la voz que invade
todo lo que a tu alcance te sonríe.

Pavesas

Pavesas cristalizan sobre el aire
la savia de los bosques calcinados;
ha dispersado el viento la ceniza
que encanece la luz de lo que vive.
Pero bajo la turbia veladura
disuelta en la aspereza cotidiana,
un sentimiento de verdor preserva
la férrea terquedad de lo sentido.

**IMPRESO
SOBRE
EL
BARRO**

"El color de la tierra…"
"…huele a miel derramada".
J. Rulfo

"Somos ciertos porque somos imposibles"
Carlos Fuentes

Al conjuro del agua

Al conjuro del agua convocamos de nuevo las secuencias que nos han precedido. La huidiza oscilación de la mirada en los borrosos márgenes del tiempo fue para el primer gesto de algún ser extrañado, el deformante espejo que atrapó la presencia, la futura memoria, el olvido y el sueño.
Alguien mira la poza transparente de verdinegra hondura. Los guijarros primeros, aún sin pulir los bordes, y al fondo del misterio el resbalar del limo. Mira la soledad meciéndose en las ramas de un viento sin preguntas. La mano temblorosa, ha conformado el trazo del futuro utensilio, recogiéndose en sí como la arcilla, componiendo ese hueco de porosa materia, bebiendo la pureza sin pasado en la ventruda cavidad del tiempo, del despertar del mundo. Pisamos esas huellas sin destino formando nuevas vías. Somos limo futuro, fragmentada memoria, aliento de la luz. La búsqueda incesante en cada ciclo, en cada recoveco del silencio sobre la piel del agua. Aprendimos los códigos en el renuevo de las estaciones, mezclados de agua y barro, el manantial perdido, la inocencia, el borbotón azul de los neveros despertando el deseo adolescente, la espuma de lo efímero, el salado sabor del desengaño frente al mar inestable, la lluvia de los días sin consuelo, el curso heraclitiano arrastrando el sabor de lo perdido, el cauce intermitente desdibujando huellas, o la herrumbre termal de lo olvidado para los sentimientos ateridos...Porque somos de Agua, y de Barro y de Tiempo.

Huida

Sabor de hinojo y sal sobre la boca
en esta noche de pisar furtivo.
Brilla un frescor de escarcha en ese olivo
de luz nimbado que al amor convoca.

Corta será la noche. Se desboca
el corazón vehemente y combativo.
Rompe el silencio el vuelo fugitivo
de un pájaro nocturno…Todo arropa

la huida hacia el encuentro deseado
del blanco sueño de pureza y fuego
que alfombra la aspereza del camino.

Como un cristal de lirio traspasado
de ese aliento que asciende como un ruego
para filtrar la luz de lo divino.

Agua

Todo el aroma agreste de la jara
perfuma el aire abierto hacia ese río
-frontera y luz- ajeno al desvarío
que la noche protege y enmascara.

Hacia el poniente fluye el agua clara
con sereno silencio, ¡qué desvío
hasta emerger desde el escalofrío
que el subterráneo cauce fragmentara!

Cubriendo el hondo seno desvelado
la frágil fortaleza de la arcilla
sostiene el agua inquieta y escondida

mientras devuelve al sueño esperanzado
-junto a la calma alerta de la orilla-
la fresca copa que a beber convida.

Sobre el barro

Por la ventruda forma
se desliza la mano
y acaricia despacio
su frescura.

El agua resbalando
por el barro
como si fuese llanto.

Un regusto de sal
tiembla en la boca
al borde mismo
de la cantarera...

(Sin esperanza en las arqueologías;
su plácida penumbra de hornacina,
quedó así, para siempre, clausurada).

Contradecir la carga

Contradecir la carga de todo lo aprendido.
Fijar la luz del pájaro fragmentando la rama.
Hallar de nuevo espacios de voces no escuchadas.
Vencer la terquedad de la premura.

O zozobrar en la cartografía
que nos ata al origen,
desprendidos, aislados
de lo reconocible.

Tosca es esta materia

Tosca es esta materia,
pero es tan delicada la frescura
que destila en el tacto de los ojos
o en la visión precisa de la mano
enlazando el instante
al puro gesto.

Surcada por el soplo del olvido
las vetas, el temblor,
la geométrica paz,
el agua que rezuma
bajo la sed del fuego…

Esbozando lo eterno en lo terreno,
sentir sobre el silencio
la arcilla, o la mirada,
el hálito del mundo.
La proyección de todo.

Aliento de la luz

I

Sobre el canchal desnudo
ascendía el humo cálido del tiempo
devolviendo tu voz.
Tu presencia de niebla confundida
con la roca desnuda
con los aromas puros del cantueso y la jara
o con el eucalipto mercenario
balsámico e intenso
de los últimos días.
Profunda y grave de tabaco y lumbre
tu voz amparadora.
Aquella oscura voz casi naciendo
sobre la claridad de las encinas,
la armadura o corteza del silencio
sobre tanta memoria,
perturbador latido de una mirada
que abarcaba el mundo.
Lo que fue nuestro mundo...

La oscilación del viento
despeina los jarales,
justifica la luz,
acama mansamente
la ondulación del trigo
o vibra con la lluvia,
lenta y límpida,
en esta soledad.
Siento la mordedura

del viento en las ausencias,
las vértebras del barro,
las marcadas estrías
sobre la propia piel.

II

Del friso que formabais
los amados
uncidos al paisaje
queda sólo la estela,
el rastro, lo intangible.
Sólo tengo la marca
vigorosa, indeleble
de esta luz de campiña,
esta voz de campaña
que ahora siembro a voleo
plena en su sencillez
sobre esta tierra fértil entregada.

El excavado cauce, el testimonio;
relente de mi noche que despierta
como un venero o charca florecida,
fragante libre y ebria.
Como un abril
que despertara al sueño.

Limo

La mirada en el limo
traza líneas inquietas.

El agua sigue
suavizando bordes
que unas manos
ingenuas modelaron.

Frente a la rotación
de su universo
versátil y paciente
el alfarero juega
a revelarnos formas.
Los ojos fascinados
contemplan el prodigio,
suavísimo, del limo,
consagrada frescura
de los ágiles dedos,
certeza subjetiva
de la luz.

De vez en cuando el artesano ríe
arrojándonos pellas
como se arroja un hueso.

¿Qué queda de aquel tacto fugitivo,
modelada materia,
presentida creación…?

El sol agrieta lo que nació puro.

Ha descolgado el tiempo

Ha descolgado el tiempo las facciones
marcando las ojeras,
cristalizando el hueso del olvido,
la sensitiva médula,
minando las defensas
de esta piel replegada
en interiores…

Cercada por su propia emboscadura
la materia del sueño persevera
traspasada también de realidades
por la obstinada luz,
acercando la amada transparencia,
sabiendo lo imperfecto de lo puro.

La luz residual

La luz residual de la neblina
te acerca al tiempo alegre de la Estrella.
Hay humo en los tejados,
huele a leña, manteca derretida,
aguardiente, canela...

A frutos de sartén.

Un tibio sol irrumpe en el lebrillo
tamizando la miel de la esperanza.

Hunde tu mano y goza.

La harina deja un rastro de nieve
sobre el rostro
cálido de este Adviento
que la historia repite.

Refleja el ventanal los mismos rasgos:
¿Mis facciones, las suyas?

Trazan las manos líneas
sobre las mismas formas
del círculo amasado...

Este fondo filial, reconocible
me ha devuelto al origen
de todo lo que importa.

Membrillos

Dorada granazón de los membrillos
de este otoño crujiente y volandero
alterando los dientes embotados.
Agridulce sabor, olor a infancia,
crujir salvaje y limpio de inocencia,
apresada en el cuenco de las mano
bajo un tiempo de aromas y deseos.

Por la celada sombra

Por la celada sombra
vino la evocación.

Quiere sentir de nuevo
todo el fulgor secreto,
aquel perpetuo asombro
vibrando en los extremos,
envolverse en aromas
de montaraces jaras
corroborar de paso
la integridad del sueño,
crujir como las tejas
bajo las alfarjías,
entrecruzar de cabrios
las bóvedas del viento,
trenzar sobre la tierra
la soga del esparto.

Urdir en la penumbra
latidos a destiempo.

Lentamente el otoño

Lentamente el otoño
hunde en tus pies la grava,
sin el claro misterio
que traspasa de amor
algo que ignoras.
Sólo tu sombra roza la certeza
que mantiene la lumbre en la ceguera,
la luz contemplativa
de soliloquio y duda.

Aún no te has replegado a los cuarteles
de sílabas que busquen acicates,
aún no eres sólo excusa de ti misma
ni busca arqueologías tu canto posesivo.
Cómplices como amantes los silencios
de palabra abolida
rozándote la piel de la memoria,
la huella de los fuegos,
buscando unir contrarios
de pasado a futuro
sobre un presente incierto
que como lluvia cala
tu reverso azogado.
La hondura vertical de lo sentido
trasgrede los esquemas;
solo con unos versos
señalas las ausencias,

sugieres lo que azota,
lo que te zarandea, lo que hiere,
y eludes la sintaxis de los puntos de apoyo:
Sujeto, verbo, complemento…
Y fuga.

Arden las lindes

Arden las lindes. Todo es sol y anchura.
No hay oro que resista la fijeza
de la contemplación.

El tiempo es una excusa detenida,
una vaga premisa de futuro,
un presente que fija la incerteza:
Intacto todo todo eterno aquí.

Antes que tú otros ojos
sintieron la pureza fugitiva,
el brillo que atraviesa los espacios,
el aroma a rastrojo, su belleza…

El duro polvo sin contemplaciones.

Ante el vasto clamor desaforado
-chicharreante coro –
pervive la vorágine de la onomatopeya.
Como tensa inquietud que asola el aire,
sediento y obstinado, de tus desasosiegos.

Ávido de la luz

Ávido de la luz
fecunda el hondo limo
las laderas.

El tiempo es un enigma fragmentado
fangoso de grafías.
Palimpsesto que encubre
piadoso la memoria,
los signos y las fechas
las gestas, las batallas.
O la inscripción votiva
por amor al olvido.

Oblicuo

Oblicuo arrastra el polvo de otros lodos,
bruñe la piedra antigua, la memoria,
puliendo las aristas resbalando
por la acerada piel de las aceras
sobre la propia piel.
Húmedo viento sal sobre el residuo,
rezumando salitre por los poros,
arremolina ráfagas, frescura
de un saber o un sabor de esencia y fuga
hacia una tierra que era que es pasión
equilibrio dolor claro sonido,
cristal, acorde, sin intermitencias,
añade barro al barro poso al paso
sacudiendo postigos de palabras
ventanas sin sosiego, espejos azogados,
sombras ortogonales, adormecidos muros,
mientras escucha palpitar la vida
sobre la huella de la incierta mano.

A ciegas por tus aguas

A ciegas por tus aguas yo braceo.
Nadando por tu hondura.
Dejando que penetres lentamente
marcando huella en mis demarcaciones.

Soy el hondo latido
de tu más fiel paisaje.

Por el desfiladero de los días
el cauce guarda el sueño y la memoria
el secreto de amor idealizado
del amor sin decreto;
el gozo de las horas,
cuando te pertenecen,
lo más cercano
al enamoramiento.

Esta fascinación.

Tiempo que envuelves
lo que existe y no es
lo que recuerdo y soy
lo que no olvido...

Un nombre que no será pasajero.
Su íntima voz, sin eco o resonancia,
mezclado entre los pliegues de la noche
donde el olvido impone su silencio...
Y dos extremos: permanencia- huida,
que han terminado por complementarse.

Percibes el momento

Percibes el momento del fulgor
y te dejas llevar por la marea
azulenca de aquel cielo entre encinas
llovidas por la luz.

Sin gestualizaciones,
rozando el interior,
llegaba la promesa del encuentro
hasta el vértice mismo del deseo.

En el relente de la noche tiembla
lo mismo que el paisaje,
la memoria.

Enajenada va la voz

Enajenada va la voz que cobra
el trazo alegre del perfil perdido.
Vibra aún el mismo sueño
en lo que amamos,
la abrumadora luz de amanecida
meciéndose en el viento de las copas
e inclinando las ramas
para servir de sombra a los silencios.

La tierra siempre nos empequeñece,
nos acerca hacia ella
un pálpito de vida,
como una sigilosa confidencia...
Porque materia somos
y soplo de frescor semilla y viento
derramo tierra y paso
fundida en el amor de ser paisaje
pasajera del tiempo y de mí misma
devolviendo a los sueños
la pasión de este instante
también enajenado.

Pues no basta

Pues no basta mirar
la tierra a solas
ni basta este esplendor
de amanecidas
si no señalo
el río con los ojos
el vuelo con la mano
el sol con la palabra.

Si no hay con quien
gozar este prodigio
vivir sobre esta vida
que a todos pertenece
y no es de nadie…

Olivo

Para que no arrebate
la savia al fruto, poda.
Para que suba lentamente y cuaje
la dorada sazón, corta la rama.

Dale viento al azar, materia al sueño
forma al silencio.
Fuerza e intensidad a lo verdadero.
Y desvela el secreto:
La hondura en la raíz,
ceñir el tiempo,
la esencia de la luz sobre la bruma,
el barro primigenio y el deseo.

Al pie de mi ventana

Al pie de mi ventana
aire y luz sombra y ramas
juguetean.
Los ojos con las hojas
han entablado un diálogo
imposible
que cruza el vidrio
y atraviesa el sueño
de este interior
de fondo cotidiano.
Básicamente todo se entrelaza;
puedo hablar desde el sol
sobre este árbol
que resuelve la tinta fugitiva;
sobre el espacio
que el papel me ofrece
fijar los referentes de la savia
al anillado tronco;
ver como late el barro en las raíces.
arañar el mantillo originario,
penetrar el duramen
o acariciar la albura.

Paradójicamente,
alzados sobre el tiempo
y la palabra,
distintos y distantes,
próximos y diáfanos,
los árboles sin tiempo

que sintieron mi piel y mi latido,
el poso de mi propia emboscadura,
arraigados a estratos interiores
son aún más vivos que los contemplados.

Al inútil amparo

Al inútil amparo de lo escrito
el pensamiento crece y se revela
y emborrona palabras
que también son de barro
quizás como las manos,
como el sueño y la nada.
Como el tiempo.
Conozco los insomnios,
la materialidad de la grafía
funde la irrealidad de lo soñado,
carámbano de espera
aterido ese sol de los inicios
temblando sobre el filo del vacío.
Viendo nacer la aurora
dejo sobre la tierra, a la intemperie,
lo que me arropa y salva,
el corazón desnudo
donde tirita el verbo
buscando la querencia de la llama.
Propósito de enmienda
queda papel sobre la voz tardía
que ahonda y que persevera.
Hay cobijo de copas,
y hay limo
y hay silencio,
son las huellas
esenciales, efímeras
que signan o que borran
bajo la capa frágil

donde está el agua
 en su rumor callado
la helada transparencia
mestiza y pura armónica y eterna
igual que la memoria,
preservando también de los olvidos.

SIN MÁRGENES

Son los mitos nuestras metamorfosis.

Leopardi

"Náufragos, náufragos hay, señora."
A. Reyes

Aulide

Por la cóncava nave el sol vertido.
La blanca vela inmóvil busca el viento.
Tras la lámina azul el movimiento
Se refleja acerado e investido

de violento poder. El sinsentido
Del afilado juego. El elemento
en discordia del mar... Un pensamiento
se alza puro en la espuma del olvido:

Frente al empuje que la guerra ansía,
paz entre los helenos y troyanos
de la historia común... – Calcas observa- .

Lo malo es que Tiresias, ciego guía
-por si se reconcilian los hermanos-
tiña de sangre el rostro de la cierva.

Podas

Cruza entre los vencejos
la transparente luz:
sabe la luz la soledad del vuelo...

En cualquier parte el tiempo
proyecta un sol de vida
sobre tu propia sombra.

(Sabes de su aspereza y su esperanza)

al rozar esta cal del muro ardiente
la eternidad es el gesto
-casi sin darte cuenta - repetido .

Frente al juego febril de los espejos
gotas de sol perdidas
garabatean silencios.

Es tiempo de podar este lugar de olvidos.

Podar es darle
luz a la palabra
y la palabra a veces
frente a la incertidumbre
también puede ser luz.
Desorientada.

Duermevela

Pero en la duermevela
donde todo enmudece,
cuando el cristal
se empaña de neblina
y los pájaros duermen
un sueño sin imágenes,
la metálica luz de la farola
fija su posición de irrealidades
como el grabado faro
de unos libros de infancia.

Espejo

La blanca libertad
pura se expande
hacia el sesgado plano
donde aguarda el espejo.
Un perfil fragmentado
que la imagen absorbe
otra voz desvelada
que golpea.
La pasión de explicar
lo inexplicable.
El afán de saber
hirió el sentido
-diáfano –
de esta luz atravesada
por la espesa materia
de lo oscuro.

Pausa

La vida es una pausa
que la verdad trasciende.

Vuelve aquí la mirada
(abocada al olvido)
a escudriñar las sombras
y a acostumbrarse pronto
desde esta ceguedad
a otra ceguera:
la luz, la intensidad
del mundo abierto.

La vasta desnudez
que al ser proclama
como al principio
el tiempo sin memoria.

Borrando márgenes

El goterón azul de la anilina
borró el margen trazado
disciplinadamente.
Sobre el mar de las sílabas
navegó la mirada sin memoria
transgrediendo
"los fuertes y fronteras".
Silogismos. Epítetos,
anáforas y tropos
huyeron en tropel
se replegaron,
envolviéndose dúctiles,
ligeros
sobre el tinte azulado
de los sueños...

Como homérico mar,
cielo de Giotto
o temblor de Fra Angélico,
la diagonal barroca
con suavidad de ala,
transverberó el espacio
dorando las astillas
del pupitre gastado.

Bifurcación de Jano

No conoció Samoa
pero amó a Tusitala
que le hablaba de islas y tesoros
del bien y el mal del hombre
del rastro
de una tendida cicatriz,
claridad de lo oscuro,
tributaria
de toda adversidad...
Y este enamoramiento
marcaba el tiempo del aprendizaje,
de par en par los ojos
escudriñando el mundo.
Con inquietud de sueño
desvelado.
Como una contraseña.
Como pulsar a ciegas
aquel conmutador de la pantalla
que iluminó la noche del insomnio.

La noche, siempre en blanco,
de su espacio en penumbra.
Esa luz balbucida que aún recobra
el misterio inicial de su envoltura
hasta fijarse ahí, desnuda y clara,
como el hálito extraño
que nos busca. O buscamos.

Campo de algodón

Brilla este rostro de sudor surcado
sobre el paisaje hostil.
Hay que avanzar para ganarle tiempo
a la solemne noche.
Rugoso como esparto el enemigo,
la luz que deja huellas,
ocultas cicatrices
y surcos en la piel de la memoria.
Encorvada la espalda, a la pelea,
sin armas. Sin escudos protectores
bajo el tozudo sol.
Solo el poder preciso de la mano
arrancando uno a uno los copos incendiados.
El equilibrio fresco balancea
lo leve que ahora flota como espuma
sobre el oro o el cobre de gastados matices.

Reclamando este rito de la ofrenda,
la cápsula en el cuenco fue ofrecida
como blanco y alado regalo de los dioses.
Sobre la ingenua mano,
tierna como su beso,
la sonrisa del héroe, descansaba.

Transparencia

Sobre la mano tibia de perdigón dormido
temblaba la mañana.
Y aquel frescor lujoso del rocío
empapando la hierba
evaporaba el mundo.
Todo estaba en tu mano y no importaba
caminar por declives ni asperezas.
Desde la humilde sobriedad del barro
transparente es el aire
como un cristal de cielo.

Huele a hinojo la sombra.

Llega la noche. Ovillo mi estatura
con instinto embrionario
buscando ser y tiempo
mientras aguardo el alba.
Tu voz acuna el sueño
disipando las dudas.
Y, aunque temo lo oscuro,
reclino mi cabeza en tu sonrisa.
Para seguir soñando.

Sombras

A veces. Sólo a veces,
un destello preciso agita desmemorias
y reaparecen códigos de olvido
camuflados en verjas o altivas celosías
proyectando otra vez, vieja y silente,
la doblez de la sombra. La avidez de unos ojos
duros y entrecerrados
como dardos de hielo del congelado hastío.

Por la calma de saurio, tensa escama,
la acorazada rigidez. Penumbra,
de siesta y almidón. Sopor. Desdén,
barreras para la luz y el aire,
y la canción que al ala cercenada
le infunde libertad. Una atávica,
pétrea arquitectura se alzó frente a ese sol
oscureciéndolo y aún, muy quieta aún,
viscosa y densa,
como la ova o la memoria estéril
donde orquestan las ranas
su croar impasible,
corrompe el agua muda.
Espesando el silencio.

Las brasas

Bajo la parca luz de la bombilla
sube el fuego sagrado del brasero
enervando la piel.

Preservado el talón mueve las brasas.

El viento es frío. No hay naves
que surquen estos trigos
que encañados verdean.

En el zaguán la luna balancea
la sombra del Ilota.

No es un tiempo de dioses.
Mas somos inmortales.

Claroscuro

¿Qué blanco olvido centra la mirada
cristalizando el tiempo en cada huella?
¿Qué transparencia vela la buscada
conjunción de este sueño que se estrella

sobre otra realidad de luz filtrada?
Ángulo sustancial. Clara centella
que atrapa lo fugaz... La pincelada
hurga en la herida abierta. O sólo sella

la plasmación segura del boceto
que emerge desde el fondo a la armonía,
de lo táctil, sutil, leve y cercano.

Solo la soledad sabe el secreto
que ahonda el silencio de esta melodía
fragmentando el perfil del ser humano.

Ventanas

Proyecto inacabado
sobre la cal; la sombra
donde el tiempo ha trazado
su esquiva permanencia.
Cobijando ese anhelo
de expansión o desvío
forma su nido inmóvil.
Y cruje la madera
del alero habitado
-¿golondrina o termita?-

Por entre los visillos,
prendida del cansancio,
una mirada observa...
Sólo el aire le advierte
que es posible la huida.

Transeúntes

I

Como cierta mañana
miras los girasoles,
y el encalado fin del promontorio
donde abonan cosechas
las pavesas del tiempo.

El rescoldo
de lo que fue y no es
en ti desliza
el rastro de su luz.
Intacto el fuego
la llamarada aventa
aquel afán...

Alguien susurra
al viento de tu oído:

- Leve te sea la tierra
que su esplendor callado
devuelva intacta
la pasión del sueño -.

II

En el cauce rugoso como herida de siglos
se estremece tu historia agitando sosiegos.

Mientras avanza el tiempo socavando el origen
este sabor de tierra en la boca de agua.

No será este lugar nunca perdido.
Transeúnte también como los nombres
que dieron a tu calle,
o a la que fue tu calle,
vas y vienes, deambulas
e intentas descifrar este grafitti
que se adueña del muro de las lamentaciones.
Quedan brochazos sueltos en la historia
común, tan repetida, y la mirada vuelve,
con persistente asedio, a escudriñar el limo
que velaron las aguas transparentes.
El vaho de la calina desdibuja
tal perfiladoanhelo. El oro de la espiga
-seco y duro- polarizó otro tiempo
de orfandades. Hay un verdor altivo
sobre lo calcinado... La palabra no basta
sobre este tierra eterna
-la eterna herida abierta-
la esponjada en dolor. La renovada.
La eterna floreciente de víctima y verdugo.

Deshielos

I

Por la ladera abierta –beso de jara amarga-
se percibe el deshielo. Ese incierto crujido
que al conjuro del sol se abre impaciente
en despeñada savia. La huidiza transparencia
que busca hallar el cauce donde trazar
los signos de agua en los marjales.

Sobre el lento temblor de las esperas,
donde nunca fue el sueño derrotado,
la luz danza en la luz. Y el aire vibra
sobre el agua que fluye, y se desnuda y ríe,
y canta la canción de las espumas
como abstracción de mar... la desbandada
de pájaros que ascienden deletrean la ilesa
libertad. Lo no perdido aún. Lo que reclama
el temblor de pulsar lo inabarcable.

Un pulido guijarro

Un pulido guijarro
confirma al mudo transcurrir del tiempo
la suavidad donde ha colmado el agua
el lado oculto del desasosiego.

Cierto es que así limaron asperezas
lo inmóvil – lo mudable:
La pétrea terquedad de las aristas.
La persistencia frágil del olvido.

Elegías

I

Elevando al silencio los altísimos,
e imaginados árboles, leías cedros
y el viento se alzaba en los tejados
como un rumor de hojas
oscuras e imposibles
-¿Cómo olerán los cedros?-
La persistente jara requemada
pone un humo dormido
en los ojos del sueño.

No es real.
son los pliegos intactos
de un tiempo de azucenas
con frescura de pétalos
de transparente escarcha
que acude en un turbión de rebeldías
aplacado en la lluvia de diciembre
por este leve, retomado escorzo.
Puede que aquel comienzo
-Amor, dolor al fondo-
donde acuciaba un hambre
de verbo y lejanía
de hincar el diente en vano
(Vagarosa la irredenta palabra)
me devuelva la clave
de este desasosiego.

II

Voz de abstracción. Rodeos.
Excusas y recursos
para eludir carencias. Y deseos.
Frente a la soledad
¿Serán acaso olvido las palabras
con que empujabas esta sed de vida
fundiéndote a mi voz, alimentándome
sobre el cristal de fuego y transparencia?

La certeza.
Esta inútil certeza
de no expresar tan claro como entonces
sobre el papel que siempre me traiciona
esa desnuda voz, rasgado verbo,
rebosante interior, desparramado
sobre el sentir preciso, vitalista,
ignorante y creador, extraño y puro,
urgente afán de un barro, una semilla,
un quehacer sin fronteras y sin nombre.
Búscame y deletrea como entonces
la tonal claridad de mi silencio
al que se aferra el miedo del no ser.
El miedo táctil, invencible miedo,
la vislumbrada indefensión palpable
en los ojos de abierta transparencia
de claro asombro de callada hondura.

III

Que tu fulgor devuelva a mi extrañeza
la ingenuidad perdida
como vibrante luz de torrentera
proyectada en el tiempo de tus manos.
Detenida.
sobre tu fresca y perdurable esencia.

Mas...

para qué cantarte cuando ya te has marchado
y la voz y las manos han quedado desiertas
y ningún beso tuyo florecerá en mi rostro
y ninguna palabra cambiará mi tristeza.

Yo tuve tantos días para hablarte de todo
y tú para escucharme tuviste tantos años.
Llenamos los espacios de palabras vacías
y se ha marchado el tiempo sin poder recobrarlo.

Nieva sobre el espíritu y la melancolía
es una estrella blanca deshecha entre los dedos.
Te escribo en un papel lo que nunca te dije.
Allí, donde tú estás, sabrás que te recuerdo.

Proyección

I

Símbolo fugitivo
fluye el agua
en busca de la luz.

La escueta desnudez
proyecta el plano
de lo reconocible.

Del hondo limo el Sur
que al Norte espuma.

II

Bisturí el horizonte
rasga en dos
la simétrica impostura.
Divide ser y tiempo:
Tiempo y tierra.
Los pasos se han curvado
lentamente
sobre la línea de bifurcaciones.

Sólo queda dejar sobre la linde
la marca del origen
para que no se pierda la mirada
de la inocencia.

El exiliado sabe
que la palabra es eco del silencio,
por eso lanza al aire,
-como una piedra-
el silencioso grito:

Esa contradicción que silabea
buscando apoyo
sin asentamiento.

De proa

Hay fechas sustantivas.
Nombres que desviaron (de una u otra forma)
el curso de tu río llevándolo a la mar,
-*¿Que es el morir?*-

dejándole su estela, superflua o profunda,
depende de los hechos constatables
de tal navegación.
Mascarones de proa cuarteados,
flotan a la deriva,
sobre las líneas más perecederas
de un cuaderno de viento
o de bitácora.
En la madera exenta
reconoces los rasgos deslucidos
que hicieron palpitar
tanta memoria.

Estelas

¡Oh, tú, la oculta boca que conjura los vientos
prometiendo al deseo navegar la mirada,
despojar de metales a la noche vencida,
agitando el olivo para el rito del alba!

Frente a ti la expansiva soledad de la estela.
El crujir de la carga en la barca gastada.
La medida del hueco en el frágil recinto.
Y amarrarte al silencio en la vela que aguarda.

Travesía

I

Desandemos el bosque de retamas
para formar pacientes
la jábega de anhelos.

Navegar este río
bordeado de adelfas
te seduce y deslumbra...
Fugitiva,
una gota salada se desliza
y avisa, al fin,
que el mar está cercano.

Ciega de luz, madera de salitre,
alta vela de viento desplegada
y esa pereza táctil de la espuma
recorriendo tu pulso peregrino...
¿Puede un nuevo paisaje
a voluntad alzarse en la memoria
como un blanco sudario que arropara
la agónica frialdad de las estatuas
sobre el desnudo mármol del silencio?

Se busca en el recuerdo de la infancia
un mágico rescoldo de pureza,
el destello de albura en la memoria

para inundar de claridad las sombras

Nada queda después... solo el cansancio.
La lasitud del agua entre las manos.
El lento, interminable balanceo.
La vaga incertidumbre... Y el silencio.

Navegantes

(Cuentan leyendas áureas los que vuelven.
Nada dicen de angustias ni fracasos.
Hablan de ensueños y de atardeceres
donde el rumor del mar sólo acaricia
y te acoge desnudo... Y te redime)

Cruzan de dos en dos, de cuatro en cuatro,
las nubes y las naves.
La realidad de un mar sin asidero
ha vuelto el aire calmo y transparente.
En la idealización del objetivo
brilla la sed de suelo, el espejismo
de edén sin promisión.

A todo errado o errabundo aguarda
si tiene suerte y vida el purgatorio.
O un infierno si se hunde o si naufraga...

-siempre esta tierra fue cielo invertido-

¡largas colas al mar!

Nunca jamás en este paraíso
lograron ser los últimos primeros.

Retornos

I

Retornan las pisadas de un silencio
que conoció el sabor de las derrotas.
el abandono secular. Se afirma

que lejos del lugar de los presagios
y en un turbión de espermas y de espumas
feroz fue la batalla.
Otra rotunda estela ultrajadora
marcando con la culpa al no culpable
testigo de una herencia no buscada
que en el recelo encuentra simetrías.

Contrarios ¿para qué?
dioses de tierra.
Arcilla en las pupilas extrañadas.
Barro en los pies que manchan o fecundan.
Sobre el épico asedio
Se encienden vanas luminarias.
-Dolor sobre la paz-

Nada se reconoce en tal espejo.

Nadie lavó la sal de estas heridas.

Una mirada alerta permanece al acecho.

Desde el cebo del viento no hay respuesta.
De injusticias y olvidos se encadena la historia.

II

Algunos navegaron.
Y esquivando tormentas
regresaron ufanos
con su exiguo botín,
supremacía
que la palabra insiste
en proclamar,
¿Quién rubrica a la sombra
de las manos vencidas,
el arco eterno
del doblegamiento?
Frente , la indiferencia
del que intuye o advierte las señales
de incontables naufragios.
Lo que omite el silencio
-la apariencia, el afán-
(difícil ocultar
tanta derrota)

La mirada te acerca,
aún más que la palabra,
al abolido héroe.
Victorioso.
Sobre el lugar común
de hábito y transito.

Penuria de la espuma

Late el orgullo aquí.
Lucha en voz alta, azogada y opaca,
la palabra perdida
que entre la niebla de las voces prende.
Pronto el discurso sonará inconexo,
vacilante y letal como los pasos.
Los codos se afianzan,
se deslizan por la barra del bar,
resbaladizos, torpes e inestables,
asidos a la tabla perdida en el naufragio.
Sin brújula el espejo duplica
su apariencia de espejismo.
Del vaso turbio y de los ojos limpios
bebe la luz.
El verbo es bronco, la conciencia clara
-y nadie escucha-
el coro canta y cuenta el corifeo.
Sobreviene la náusea.
Gira el techo del mundo vertiginosamente
y enmudece la noche.
Como un ojo de Cíclope,
el destello del rótulo confuso parpadea
señalando este sitio
que siempre será el foro de los desheredados.

Naufragios

Parece el mar la mesa de un despacho.
Tal encerada lámina. Tal pulida madera.
Bajo la calma chicha la acartonada
rigidez de azúcar en las velas
que aguardan el vaivén de la sal,
el balanceo ¡el viento, viento, viento...!
Sobre la mesa el vino escancia un brillo
de embriaguez futura.

No hay artificio en el lugar sagrado,
solo el calor que embota los sentidos
e impide solazarse en lo solemne:
La fragmentada jarra. El perfil del guerrero
o la inscripción bajo la diosa ¡Oh, diosa!.
Aquí, sobre los restos del naufragio,
mármoles que reflejan la febril singladura,
buscas unir fragmentos que conformen tu origen:
¿qué sibila señala en la tabla votiva
esta búsqueda incierta de pasión y recelo?

Ahonda. Mira tu nombre en la arcilla escindido.
Alguien sabe y esculpe lo olvidado en la piedra.
Por la tierra y el agua donde todo esta impreso
tu latido perdura en la huella de arena.

Diatomitas

I

Tras la oquedad de la vaciada noche
en un lento despliegue de silencios
se abrió paso la luz.

Desde el lejano límite del légamo
en la llanura absorta,
como extensión de sal petrificada,
el sol arranca extrañas nervaduras
a las formas del agua.

La compleja y variable geometría
sobre el código inscrito entre la piedra
del espejo estancado,
proyecta hacia tus ojos la impostura.
Espacio, tiempo y mar se tambalean.

La mano pulsa la grafía del eco
y la mirada abarca
la duda de si todo fue desierto
o espejismo de voz fosilizada.

II

Sobre la piel pautada de tantas cuarteadas geografías
la calina matiza la abstracción del espacio.
Su apariencia de nieve. Manchas que difuminan
el paisaje. Formas que se diluyen como los horizontes.
Trazos que arañan huellas. Huellas que imprimen trazos.
Como incisión abierta la división del tiempo.
En longitudinales hendiduras las piezas esqueléticas
de infinitos relieves son filo, borde, arena,
ostracismo del mar, olas imaginarias, valvas
como la espuma advirtiendo al que indaga
que la presencia es polvo y el agua puede ser
la resonancia de un grito de ceniza
que el viento ha dispersado... Sobre los sedimentos
de la muerte la tan viva pisada disuelve la materia.
Pasos a la deriva, en el crujir de los caparazones,
que sólo son fragmentos de una anclada memoria,
en la precisa y lenta gestación del olvido.

Sientes sobre la piel, que abrasa y arde, la aspereza del
sol.
Y esta esperanza de seguir caminando sobre el eco del
agua
bajo el temblor de sal
de sus reflejos.

Quemadura

Una interrogación se abre al paisaje.
Frente a este vasto código de signos
tu huella asume el desandado tiempo.

La madurez del sol quema la tarde
y sabio olvida lo antes incendiado
y a veces niño juega a lo infinito.

Hoy evocas el sol de la cerilla
que iluminó tu limitado espacio.
Prendido del febril chisporroteo
tembló el tiempo - ¡la vida!-
en aquel gesto.

Aún te miras los dedos y sonríes
-dolor fugaz y oscuro- cuando rozas,
ajena ya y extraña,
la leve sombra de la quemadura.

Las hojas

Se envolvieron las hojas del nombre pronunciado
¿Quién no buscó los símiles del oro
para cantar su otoño desasido?
Pasan bajo la luz, pueblan la tarde
arrastrando matices y ovillando
las vetas herrumbrosas de la estación del viento.

Algunos ojos tienen ese color cobrizo,
ese ajado misterio que se fue como ellas,
en ellas diluidos, y que a veces te incita
el bucear su pretendido enigma...
Fondos de la penumbra en su hondura enturbiada
que alguna vez brillaron con luz plena
tras ese juego o fuego que les prestó el deseo.

Poniente son. Señales sin destino
que rozan el rumor de la memoria
como papeles rígidos, dejados,
en la inmovilidad de lo perdido.
Silban las hojas muertas. El eco
partió en dos la melodía
Y del olvido sólo son palabras.

Reflejo

Se abrió paso de pronto la mirada.
Faro o señal de familiares ámbitos
deslumbraron tu fondo en claroscuro.
Alertas las antenas de sus ojos
supieron atisbar lo que brotaba
del barro o de la roca en transparencia.
Cercana fuente de complicidades
urdió la voz del paralelo tiempo.
Tú recobraste el sueño silenciado.
La pureza que inscribe su luminosa sombra
subió clara de nuevo hacia tus labios
pronunciando los nombres sustantivos
de las elementales geografías,
distantes de los mundos relatados
por tan definitivas elocuencias.
Tantos itinerarios recorridos
-lo supiste más tarde-
concentraban el punto del estanque
donde la imagen vuelve y se recrea
atenta solo a su especial reflejo
cantando su encantada soledad.
Traspasado el azogue
la duda ha perturbado la proyección del agua;
la lámina devuelve pétalos de narcisos.
Pavesas aventadas... La flor hecha cenizas que,
-tal vez como aquel sueño que amó Yeats-
perdurará en su aroma.

Objetivo

Idealizas
la pulcra imagen (pedestal altivo)
mientras pules ferviente la palabra
para clavarla así, tan delicada,
como una convulsión de mariposa
esparciendo el polvillo. Suspendida
del agudo alfiler ¡tan impoluta
tras el brillo empañado! Consumida
sobre el plácido hueso... del lenguaje.

(Guárdate del arquero
que armado busca la inscripción votiva
mientras tensa su arco, y avizora
el entorno y la presa,
lo deslumbrado inerme,
el incauto fulgor del objetivo).

Tramoya

...Y ha llovido en el agua
que pintaron de azul.
Se te deshizo el fondo decorado.
Nada tangible fue, mas sigue vivo
el sueño que sustenta el eco hueco
de la tramoya. Convicción que encubre
el juego seductor... ¡deus ex machina!
Finaliza el acto.
Pero aquí, en estos restos
que mecen las mareas
se levantan promesas de búsqueda y deseo.
Esta frescura cóncava guarda el clamor
oculto de semillas activas.
De miradas, de futuras memorias:
Sedimentos para un nuevo lugar...
La espuma del presente
te yergue sobre el agua. Y te sostiene.
Para seguir creando

Miradas

Como un rumor los sigilosos ojos
confundieron, tal vez distorsionaron
la visión del espacio. Perspectiva
de una abstracción de sueño o de memoria
para entrecruzar verbos. Vibraciones
de una entrega no física pero sí apasionada
hacia un mismo lugar: el de la ausencia.

Toda la construcción –que creías firme-
desmoronada. La inútil lluvia. La desconcertante
forma de ver.
Lo perdurable de esta franja ficticia
que hoy rescatas, indemne, del olvido,
resguardándola limpia, desasida,
del transitorio tiempo,
librando lo sentido
del vacío
de las desolaciones.

Claridad de la duna

La sombra es transparencia.
y la luz un desierto,
una clave. Un resplandor
que arrasa la mirada,
que borra y barre
todo lo vivido.

No hay fingimiento
en la idealización
de esta presencia,
súbita e imprevista.

Centrada en el dolor
del extravío ,la férrea,
la implacable lucidez.

Y el temblor. Y el temor.
Y esta señal borrada
-como el tiempo-
en la arena...

Claridad de la duna.
Se ilumina de frío
Tu mirada
En la noche.

El lugar de los hechos

El tiempo vuelve siempre al lugar de los hechos.
En tus ojos confirmo que regresa.
De borrar algo – digo - borraría tan sólo
este pliegue cerrado o cauteloso
que fue formado en previsión de aquello:
del corazón dispuesto a la inocente entrega.
De borrar algo – pienso-borraría el recelo.
Lo esquivo de un silencio
Profundamente herido por la duda

Turbulencia

Táctil es la mirada que recorre la espuma.
Eterna sed que fluye penetrando tu centro.
Frente al mar, turbulencia de semilla salobre,
unos ojos persiguen las estelas del sueño.

Lugar entre las ramas

No es tan fácil cazarte.
El bosque clareado prevalece
en la libre pasión con la que corres
buscando tu lugar entre las ramas,
las que te prestan sombra - sólo suyas-

La sombra, y ese sol que irradia dentro,
como llama imposible que aún activa
los vértices del tiempo y la memoria
e ilumina el presente, y el futuro,
del libre, abierto espacio,
por el que te despojas.
Mientras huyes.

Orillas

I

Mezclado está tu paso, tan de tierra,
como estas mismas olas que humedecen la tarde.
Este mar guarda nombres remotos,
mas no extraños a tu origen o azar y,
al albur de este viento que sopla donde quiere,
no extrañas sus orillas, los senderos
que confluyen aquí. Sobre el hito
la luz arde en el tiempo señalando el camino,
poco importan las rutas, busca el verbo
la canción retomada que otras voces
-tal vez siempre la misma- expandieron al aire;
por el agua, por el fuego o la arena. Bajo el sol,
esa estrella tras la espalda que el espejo devuelve
luminosa. Que nos lleva a la sed de otro venero:
la búsqueda. La pérdida, la búsqueda otra vez.
En el silencio quedan los acentos y una mirada
fija el pasar ... Inicio, goce y dolor. Reconstruyendo
bajo el pie de arcilla, la línea azul de mapas olvidados.

II

Tras este advenimiento del imposible azar
-palpitación del ansia, clamor de la ceguera-
este esplendor de sol de sal vertida,
cicatriz incrustada tierra adentro
de salitre y herrumbre, espejo alzado
frente al horizonte. Poliédrica visión.
En medio de la tierra está la luz.
Las redes y el olivo de la tierra celeste
el rezumar del dátil, la extrañeza del viento,
el deseo de la huida y esta razón
que apasionada vierte tu asombro
intacto en las gastadas letras:
Las tres que no son tristes despojadas
de hojarasca–oropel sobre el vaciado
que anheló ser el verbo y el sentido
recortando la voz como tu nombre.

III

Te vuelcas en la playa solitaria
bebiendo su frescor de amanecida,
curva la luz la imagen
como si este reflejo proyectara
tu sed de claridad.
Tuyo tan sólo el vértigo:
Y este girar del tiempo
debatido en los ojos ,anegados
de tal visión tal escanciada aurora.

Sobre el mar de mercurio la ardiente sed,
lo esquivo, la libre libertad...
Como ese ardor callado
donde diluye el eco la memoria.
Como el turbión que arrastra
el lodo despejando los perfiles,
como la transparencia engañosa
en la hondura de este fondo,
como esta vibración donde el silencio
no deja huella de lo ya expresado.
Todo residuo entonces. Todo fragmento;
vuelves la mirada, sólo hay un rastro,
arena del olvido. Tocar cieno otra vez;
la sumergida soledad subrayada como emblema
bajando hasta el resquicio más puro del origen
para sentir de nuevo la palabra
morder la dura lucidez del sueño
como un golpe de mar o de advertencia.

Suspendida del sueño

Suspendida del sueño
que presiente el vacío siente la eternidad.

(Alguien llenó de vida estos desiertos)

De todo lo fugaz
acaso un nombre
logre sobrevivirte
desmemoria.

Búsqueda a tiempo perdido

Llegó envuelta en azahar la bocanada,
y el azar del aroma
conjuró lo perdido.

Se esponjó la memoria de dulzura.

Y en el tibio sabor, supe de pronto,
que el tiempo es sólo búsqueda.

Y deseo.

Grafía

I

Nieva sobre el cristal de la mañana.
Con la misma lejana displicencia
de un pájaro mojado
-tenso, vibrátil el tendido alambre-
contemplo como nieva.
Nieva sobre el asfalto.
Sobre este tedio de los edificios,
esa erguida presencia, gélida densidad,
acerado pretil de línea altiva
alzándose en el orden
de la implacable mano previsora.
Nieva enconadamente. Sobre los rostros.
Y sobre las antenas televisivas nieva.
Nieva sobre lo absurdo.
Sobre las voces nieva.

II

El tiempo de la espera en esta nieve
que se desliza y cuaja blanca como la tiza
-¡Aquella cal del sueño leve y pura
como fue la grafía del primer balbuceo!-
Nieva sobre el olvido.
Sobre las manos nieva.
Resbalando del cielo pizarroso
se desmarcan las letras de aquel abecedario

que inscribió sobre el tiempo
la inquietud y el asombro.
El hálito, el exilio y el deseo.
El afán fugitivo que agitó las retamas
mientras blancas adelfas
le sirvieron de cálamo al silencio.

III

La mano abierta entonces
sostuvo la belleza,
igual que ahora sostiene
los párpados insomnes
donde esta nieve gira
sustentando el vacío
de aquel limpio candor...
De esta incerteza.

Nada queda en la mano cuando intentas
retener sobre el hueco de la palma
un poco de su ambigua transparencia.
Remolino de un prisma de cristales,
biselado trasluz –danzan estrellas-.

Solo el viento susurra en este espacio,
que hay un temblor de invierno
en la mirada.

Jardín Boscano

Las formas danzan
sugiriendo el caos:

¿Qué delicias te asumen, decadencia?

La carnívora flor de los olvidos
profetiza el exceso. Y el abuso,
reiterado, abisal de los iconos
foro entre líneas de lo virtual.
La carne sacia el movimiento impone
ritmo, matiz, materia en almoneda,
el vértigo del tiempo, la agitación del ser,
la carcajada, el esplendor,
la luz, el claroscuro
de este mismo vivir.
(Irónico Hieronymus
imanta el marco de lo venidero)
Aquí se funde el quid de las vanguardias.
y de la incertidumbre,
la audacia del mirar y la ceniza
del reto del retorno…

Hieronymus mordaz
planta semillas
en su vasto jardín premonitorio.

Acero

Con enconado ahínco
dibuja octubre el mapa del otoño.
Algo inquietante sobrevuela el ciclo
abriendo brecha al tiempo del acero.

En la tarde acerada y aterida
se dispersan las aves
tras ese oblicuo vuelo de renuncias
—olvido del olivo—
por emigrar al sur.

No hay protección y el cielo es tormentoso.
Cargado como un rifle en los cristales,
donde refugia el miedo la mirada.

Etcéteras

La nada precursora de silencios
ha llenado la tarde de preguntas,
de palabras, de gestos como signos,
como huellas grabadas sobre el pliego
de la materia huidiza de los días...
Se pregunta el porqué
de este horror vacui
tan contrario al mutismo
que hace que se entrecrucen los conceptos
como pájaros ebrios, como líneas de sombra
sobre el folio del tiempo o de la vida,
amontonando citas inservibles,
pensamientos mascados,
desdoblamientos y derrumbamientos
de arengas y soflamas,
de etcéteras,
de letras sobre letras, de piedras sobre piedras,
de vidas sobre vidas.
Vertiéndose en los puntos suspensivos
que se alargan y alargan interminablemente
después del "Érase una vez..." del cuento
que a la vez se repite y se repite
girando en el presente- futuro tan pasado-
sin que sirva de nada la memoria,
de inconsciencia, de horror.
El mismo error dolor sobre el olvido.

Laberinto

Hiere o raya el espacio
tan afanosa forma de ascender
-¡arriba, arriba, arriba!-
como un Mondrián
de líneas abisales,
grises selvas de acero
se agigantan.
Precisas y diáfanas,
vidriosas y seguras.
Símbolos de poder
y transparencia.
Los viejos nuevos símbolos.
Vectores donde elevas la mirada.
Vértigo y ebriedad.
No hay orgullo mayor
para quien vive
a la sombra espectral
de este conjuro.
No hay camino de vuelta,
no hay retorno
sin detenerse aquí
bajo el varado
corazón del sueño
de estrelladas estrellas.
Núcleo del laberinto
donde converge,
abierto,
lo cercado.

Destinatario

Buscas sellar con lacre toda contradicción.
Escribes: "Destinatario el propio tiempo"
e introduces el sobre en la hendidura
fugaz de los destinos.

Entre tantas dobleces
de pliegos aventados,
de informes financieros
e inútiles memorias,
a este lugar de paso
                    y permanencia
vacías tu contenido
como carta de amor
sobreviviente
a su propia pasión
e incertidumbre…

Fija el papel
tu indefensión de vuelo.

La certeza de ser
Palabra y nada.

Vuelos

Se ha embriagado de luz y vuela raso
girando hacia el turbión de las aceras
donde voces se encrespan y proclaman
que sólo es sueño el tiempo de este olvido.

Desde la irrealidad del contrapunto,
apoyo y trampa de la voz que juega,
frontera donde el sol trastabillea,
hirió el vencejo el roce del silencio.
-¿No hay lugar para el vuelo?-
Casi imposible distinguir el silbo
en aire tan poblado de chirridos.
¡Tanto amago de altura
para la gravidez
           de
                la
                    ca
                       í
                         da!

Pisadas

Agrietado y flexible,
este zapato puede calzar la horma del tiempo.
Sin que le importe el centro reposo de utopías
deambula por la línea fugaz del laberinto,
por su precisa, exacta geometría,
mientras cruje la grava
y el seto alza sus filos acerados
en la trampa sutil del recoveco.
Antes que la pisada
busque con ansia activa ese recurso
donde muchos convergen,
confluyen y se agitan,
satisfechos y ufanos por la breve,
puntual culminación,
desanda el tramo y siente, en la suela gastada,
el frescor de la hierba,
la caricia libertaria del viento,
la tierra, el cielo, el seto y el trazado.
Y un giro a la salida.

Táuride

Erguida en el pretil de la marea
sostienes al latir de tanta historia:
-siempre habrá una verdad propiciatoria,
víctima de la fuerza de una idea-

Rebelde ante el designio saborea
la convicción de ser sólo memoria,
madera en este mar; frágil victoria
que apenas hiende el sueño que espejea.

Cercano ese perfil -siempre avistado-
del horizonte esquivo…Bajo el cielo
ceñida al cabotaje la ardentía.

Reverbera el insomnio desvelado,
el vértigo, la sed de un mismo anhelo,
mientras gira en mi espacio tu armonía.

CERCANÍAS

...everyone has to grow up a little in their life
a passion, orange,
platter of roses time will destabilize
in long or in large, keeps
still the secret.

John Ashbey

Bajo la turbiedad

Bajo la turbiedad de un cielo de salitre
por la oxidada luz de los cargueros,
frente a la espesa calma
de un mar sin transparencia,
El apátrida aguarda
el íntimo suicidio
de un deseo.

A menudo

A menudo, más rápido el trayecto,
bajas al túnel de las angosturas.
No hay ventanas donde observar la vida
frente a los ojos de los fugitivos.
Una aleatoria fuerza los empuja
desdibujando rostros,
declinando un poder de mescolanzas
donde la vida fluye con voces diferentes.

Abstracto e impreciso,
el brillo del neón focaliza afilado
las múltiples verdades.
La indiferencia agrupa a los viajeros
forzando cercanías.

Cada cual en su afán busca su espacio.

Por la boca del Metro
asciendes a la luz
de una sola intuición,
desorientada,
configurando el hábito
de los desdoblamientos.

Un salado sabor

Un salado sabor de aire marino.
Batientes de la noche
sacuden las ventanas
del interior.
Desajustado.
A la intemperie.
El sueño.

Esta ciudad cualquiera

Sabes la cómplice verdad
de esta ciudad cualquiera,
de cualquier tiempo,
de cualquier espacio.
Como este aroma de café estimula
lo incierto del presente,
lo ambiguo del futuro,
lo abstracto del pasado.

Porque nada es distinto y tú lo sabes,
tan sólo este escenario
y el esbozo del viento
llevándose las voces adelgazadamente.

Aquellas voces que te acompañaron.

Porque es otro tu idioma y es otra tu grafía
y otra tu forma de expresar lo mismo:
El palpable papel de la existencia
abocado a la pira del olvido.

Otoño

En esta tarde larga
junto a tu piel madura
con olor a vendimia
donde busco de pronto
refugiarme en tus ojos.
Aquí,
en el labio de las estaciones.
Cuando en otoño el sol
dora el deseo.

Antes que colonicen

Antes que colonicen mi sueño en esta nada
de bosques o de bloques insaciables,
con formas suplantando
las poliédricas luces
y rótulos que exhiben
los apócrifos signos,
tengo que pronunciarte.
Sobre los anaqueles del presente,
sin archivar pasados,
tu nombre es sólo el nombre
de este espacio difuso
que enmaraña un silencio
que apenas deletreo…
Deambular por tus dédalos
con aroma a jazmines,
por las encrucijadas del silencio
persiguiendo la luz.
Eludir los senderos.
cambiar la perspectiva
orillando el vacío.
Para que no me anegue el aguacero
ponerle techo al corazón desnudo
siguiendo los dictados de las obstinaciones.

Apretar el billete entre los dedos, y volver.
Volver siempre,
de la insatisfacción a la esperanza.

Errar

Errar sobre esta nada.
Dejarse acompañar por las siluetas
del palpitante friso,
del murmullo filósofo del viento
sobre las verdes copas,
del mar en calma sobre la escollera
mientras tu corazón se rompe en olas.
Caminas bajo el peso de los siglos,
mediterráneo margen de las desolaciones,
límites de esta bruma
que devuelve al olvido.
Tan sólo somos dueños de un instante robado.
Simplemente mirones.
Meros espectadores de la melancolía...
Cada gesto es testigo de un todo fragmentario.
(No se restaña nunca el sol perdido
la exactitud perdida en la inocencia
frente al balance del conocimiento)
Legítimo es pensar que estamos hechos
de sueños y palabras.
Rauda pasa la página,
efímera y fugaz,
igual que la pasión
sobre la muerte.

En la nada del sueño

En la nada del sueño
has sentido, como un susurro leve,
la inclinación del verso
rozarte la memoria.
El azar, o el deseo,
como un foco directo al interior
iluminando signos,
volcándote palabras,
poblando de sonidos tu silencio,
proyectando ante ti mudas secuencias
como un cine olvidado
tras la pantalla gris de la mirada,
traspasando el espejo de la noche,
con el temblor de un eco indescifrable.

Él me dijo

Él me dijo… *algún día caminaremos juntos.*
Por el campo o el sueño, por la orilla de un río, una
locura…

Yo retuve en sus manos el tiempo de la lluvia.
Lo más fresco del aire: su mirada.
La llama de los fuegos no extinguidos.

Y dejé que acercara su palabra a mis labios
para beber del sueño
lo más hondo de sí: lo indivisible.

Tiempo de asombro

El azar, azahar, pañuelo blanco,
claro avatar de exigua primavera,
cuaja en la llamarada de naranjas
que absorberá el silencio,
sin desvelar la pulpa,
sin beber de ese zumo
de agridulce temblor,
tiempo de asombro,
esférica pasión
del hondo invierno;
un derramado tiempo
que se esfuma y renace.

La piel de todo

La piel de todo rozas,
pero el fondo se advierte
tan sólo en la mirada,
la callada palabra,
la luz de tinta y humo,
el interior que ignoras,
lo que desgarra el tiempo,
o el recurso
de lo que otorga
ser perecedera.
A veces te demoras
y curiosa investigas
mientras una cortina
absorbe la distancia ,
y el agua abierta cae
y ruge y te salpica
sin que le importe mucho
mojarte las ideas, las idas y venidas
los zapatos, las huellas,
la certeza también de la ventura.

Gozosamente sigues el venero
entre la tierra el cielo frente al barro,
en lo que no resigna
su función de observancia,
o de curiosidad,
lo que aún la niña,
parapetada tras la catarata,
descubre entre las aguas

del misterio…
Constelada en carámbanos,
el afilado juego de la luz,
se desvela en las lágrimas
- suspensas-
que merecen la pena preservarse.

Fijas el centro esquivo

Fijas el centro esquivo,
esa vertiginosa cercanía
donde oscilan insomnes las certezas,
los cotidianos hábitos
el sabor de la duda, el asidero
de unas cuantas verdades...
-aparentes-.

De sílabas, de anhelos,
tu rastro es sólo el fondo
que araña eternidad
donde el silencio
cabe en la única forma imaginable,
aquella que contiene lo no dicho;
descifrar los espacios
que la palabra indaga
para darle sentido a lo sentido
razón a la extrañeza,
voz a lo inexpresable.
O rescatar, de tanta desmemoria,
el fragmentado tiempo
del dilatado asombro.

Agradece a la noche

Agradece a la noche su envoltura.
Tu cobijo en la sombra.
El reloj que señala
que hay que partir, sin luz,
abandonarse,
evadirse de todo
ovillarse en sí misma,
suavemente,
hasta entregarse así,
sin condiciones,
sin resistirse, dócil,
a los ojos,
cerrándose al silencio clausurado,
lugar ajeno al mundo
y a ti misma
para que te transporte donde quiera
la voluntad -a veces el deseo-
del hondo sueño ajeno a tus motivos…

Del canto vegetal

Del canto vegetal de los principios
aspiras los aromas.
¡Qué pacífica luz la de esta sombra
derramada en la lluvia…!
Late por el costado
ese repiqueteo cantarino
del paralelo sueño en las acequias
cercadas por la fronda.
Extendido en la vasta
soledad de la tierra
un único presente sin pasado,
-aún menos sin futuro-
que veces, como hoy,
se empaña con los grises de otras nubes
en la ciudad de nadie, en el asfalto
al que cercan las hojas sin reposo.

En este amanecer adoquinado
hay pájaros soñando,
duermen tras el cristal de la ventana,
donde la necesaria cercanía
se abstiene de acudir a los reclamos
dejando los resabios de las cuerdas
bajo el fragor de las corazonadas.
Guardan la brevedad del desconcierto,
la duda en la grafía, la urgencia
que persiste en el gorjeo,
pentagrama tendido en el vacío
frente al relente absorto de la nada.

Para el destinatario del silencio
solo existen los charcos, reflejando
unos besos aislados, una pluma ligera,
una melancolía que golpea
en las ramas tendidas, una fidelidad
que se despeña en pos del espejismo
de otro olvido sin causa,
de un mensaje sin orden.
Como los ojos que una vez se amaron
frente al rebelde tiempo del asombro.

Anda robando

Anda robando el tiempo de las oscilaciones,
la luz llega directa y sin ambages
no da tregua al temblor de los silencios
ni hace caso al reposo en esa hora
en la que teme el sueño despertarse.
Sobre el cristal insomne de los amaneceres
suavemente persisten sus verdialadas ramas.

¿Cómo apartar el viento de frescura
de ese barro adherido,
o del verdor con que se acuna al pájaro
goteante de lluvia, de sílabas mojadas,
de este abrazo de savia donde la voz se enreda,
la entreverada paz de sus perfiles,
el sendero olvidado, los aromas,
este rumor que acecha, que proclama
que está viva la sangre, la memoria,
celebrando la vida desde las estaciones.?

Te acercas al duramen del anillado círculo
porque has atravesado ya la albura
y percibes su luz como misterio.

Y así quedas absorta, entre los pliegues
del emboscado anhelo
que llega a ti y traspasa
con su canto callado
una nueva, otra más, otra mañana
para que nunca olvides lo perdido.

La distancia

La distancia; el susurro
que electriza la vida,
atrapa el tiempo, acecha los silencios
y burbujea aventando libertades
sin comercial designio.

Un paisaje: dos polos que se atraen,
opuestos, no dispuestos al olvido;
dos sueños que se arquean
mientras la vida enciende los destinos
girando sobre el vértigo del mundo.

Acude la palabra y los acerca
en versos como ojos, frente a frente,
atravesando muros, cara a cara,
sin límite a la dicha o la amargura…
Acaso convencidos, que el propio
ser por fin halló el reflejo
abriendo espacios que desnuda el alba.

Y qué buscabas

Y, ¿qué buscabas, dime…?
Alguien que acariciara tu tristeza
con palabras sencillas.
Alguien que desde el tiempo
con la misma sincera claridad
con que despierta el día
te diga ese te quiero sin motivos
con el gesto y la brisa
que levante la luz
como cerezas frescas
que te engarzan al tacto
de una voz que amortigua
a la palabra honda,
suspendida,
como algunas ausencias:
fechas nombres poemas
que quedan por decir
que siempre dicen
(no hay hoteles ni fondas
en el recinto, vedado a
los extraños… Abierto
al extrañado)
y que laten silencio,
en el silencio.

Cala la lluvia

Cala la lluvia a fondo
en la ventana de los iniciados.
Como un tamborileo del sentido
que acaricia las fibras de la sombra,
la fibra de otras fibras más latentes,
arropa sueños en la piel desnuda
del interior, y ahonda y te golpea
como al cinc del barreño, contra el vidrio
inabarcablemente traspasado,
que vivamente asoma entre neblinas
tan luminoso como el pensamiento
acercando los pasos
al mestizo rumor de otras pisadas
al persistente son de las canales
agua y agua que cae
sobre los adoquines,
sobre la húmeda hierba
sobre el asfalto gris de la nostalgia
como el presentimiento
del amor no esperado,
como el húmedo aire donde acecha
la inquietud de la noche,
este asombrado cuerpo que se tensa
sobre sí mismo y busca
la indecisa señal de la promesa
allí donde los muros transparentes
supieron de la herida
e inscribieron su nombre,
por si un día reclamaba
-fundamentado anhelo-
su sitio en el lugar de las ausencias.

Por los extrañamientos

Aquí andarás, por los extrañamientos.
Sobre estos laberintos octavianos
de tantas soledades compartidas.
Tras la tierra quemada
que un instante de lava deja al paso
completando este fuego
de la hoguera de sol inextinguible,
sobre esta sinrazón sin privilegios
del espacio que late...

(Lo que atesoré siempre fue el deseo)

Aquí andarás por túneles sin tiempo
tras el resbaladizo liquen del olvido,
en la profundidad de los silencios
que elegí acaso por perpetuarte.

Déjame así quemarme limpiamente
en esta pertenencia sin destino,
por esta amanecida de versos camuflados
que con o sin palabras
usurparán la audacia de la aurora.

Al fin y al cabo nada es duradero
ni tan siquiera aquello que es eterno...
Solo es verdad la clara complicidad del aire
soliviantando el eco de las encrucijadas.

Nada se desvanece

…Y qué quedará ¿el cedro,
junto a la fuente ignota o escondida,
el sol iluminando las sílabas primeras
con las que describirte la mañana
mirando amanecer entre jazmines
mientras despeña el agua su frescura
habitada tal vez por el silencio,
el cómplice silencio entre las nubes
sobre la fértil vega
clara como la cal, como la espuma
efímera y fugaz en este instante
que permanece y pasa…?

Nada se desvanece,
mas todo se transforma;
un rectángulo absorbe
la premura del tiempo
y el tren pasa de largo
por esta ventanilla
donde no hay pasajeros
que aguarden tu mirada.
Alguien estrecha el tramo,
algo te hace señales
en la neblina del amanecer,
persiste en sus motivos
frente al andén; al círculo del alba,
espera siempre que otra luz comparta
el tono de su voz… este secreto
- sin acompañamientos-

se funde en ti y apenas entrevisto
irrumpe en el sosiego de la pausa
sostenida en los ojos como el tiempo,
sedimentada al sur como principio,
cercada por la propia lejanía,
cambiando los raíles de lugar,
el subterráneo cauce inconcebible,
la indefensa coraza, la certeza
de la proximidad que en la distancia
te persigue cruzando, palabras...
Y destinos.

Amanece

Amanece despacio.
Como todos los días amanece,
pero hoy es especial pues se abre paso
la luz como una herida,
inmaterial y táctil, como un beso, una ausencia,
o la sola palabra que se dicta al secreto.
Por la ventana observa esta calle vacía.
Cómo desaparecen, cansadas de brillar toda la noche,
las escasas estrellas.
Vuelve el trazo solar, este latido,
duración del sentir, visible sueño...
Piensa en las rosas de un jardín lejano;
en las sierras azules o el reflejo de alfanje del olivar.
El viento, trastocándolo todo
como la misma lluvia
que acaricia las ramas;
lo mismo que la mano, en la distancia,
se desliza en un rostro,
ese rastro que evoca lo esbozado.
Piensa en su despertar, al paso de ese tren que
siempre pasa, la luz que enciende la despierta aurora,
el café que ha bebido en el silencio
mientras escribe, siente, reflexiona;
mientras mira mecerse en los olivos
la lámina ondulada del río ingobernable.
Pronto en el blanco fondo del vacío, se escuchará su voz;
y así sabrá por él que así lo llenará su voz sin tiempo
y sentirá que todo permanece:
que esa luz, que ese texto que reescribe,

se sembrará en el aire y en su alma,
sobre la hondura , sobre el sentimiento
donde el paisaje y el amor se bastan.

Desnudos

Como un amanecer que los despierta,
el cielo con matices en esta atardecida.
Es diciembre, hace frío,
tenue inunda la vida este silencio.
Este azul diluido entre viento y palabra.

Aunque los dos carecen de envoltura,
se acercan entre sí por darse abrigo
dándose ese calor que proporciona
el roce de las ramas enlazadas
sin podas ni destinos.
Dos piras sin arder frente al ocaso
que guardan el rescoldo
del latir de la tierra.
Hay un rumor oculto en el temblor del bosque.
Una hoguera que guarda el crepitar de un sueño.
El rescoldo, la brasa de algún fuego dormido...
A la intemperie esperan el brotar de las hojas
en una renacida primavera
que aún palpita, que aún vive
en el hondo interior
de las emboscaduras.
Los herirá la lluvia.
Los azotará el viento de las incomprensiones.
Cercenará su savia cualquier filo acerado;
pero siempre habrá alas que cobijen su asombro
-Vive libre la rama, libre el pájaro vuela-
sosteniendo el prodigio de las revelaciones.
Hay un mismo latir cuando el sol los invade,

en un gozo de luz y de memoria
– esa melancolía sin olvido-.
Cómplices son del corazón del fruto…
Solos, frente al paisaje que ambos aman,
dos árboles desnudos,
dos líneas paralelas
que nunca han de encontrarse,
fundan un territorio
con semillas de anhelo.

Dedicatorias

No hay fronteras para Francisco Muñoz.

Cuentan que... para Antonio Reseco.

Se reúnen para Manuel Guerrero.

El cielo es como el mármol para Àlex Chico.

Luz para María Elena Hernández.

Lámina quebradiza y Travesías para Alfonso López Hidalgo.

Un cierto olor a limpio para Isabel Vera.

Piel adherida al hueso a Manuel Pecellín.

Destila soledad a Miguel González.

Esta delicadeza a Francisco Tejada.

Una fotografía a Urbano Galindo.

Enajenada va la voz, Pues no basta, y **Olivo** para Antonio García Barbeito.

Pura salmodia el sueño y **Diatomitas** para Francisco Mora Peral.

Áulide para Manuel Simón Viola.

Claroscuro para Josep Doménech.

Pisadas a Manolo y Silvia.

Grafía a José María Pagador.

Errar sobre esta nada a Rufino Mesa y Assumpta.

A menudo más rápido para Antonio Mª Flórez.

Bajo la turbiedad para Carmelo Rubio.

Al inútil amparo de lo escrito para María Tugues y Santiago Espinosa.

Desligarse o seguir para José Carmona y Montse.

La luz residual para Francisco Durán.

Esta ciudad cualquiera para Valentina Valero.

Membrillos para Paquita y Alfonso.

Limo para Álvaro Valverde.

Al conjuro del agua para Juan Ricardo Montaña.

Contradecir la carga para Federico Martínez Reyes.

Varios de los poemas que abren **Exilios, estelas** están dedicados a mi amigo José Miguel Santiago Castelo.

Y los primeros poemas de **Impreso sobre el barro** para Pere Falcó y Francesca Pegueroles.

ÍNDICE